KB218503

Le Petit Prince
어린 왕자

생텍쥐페리 글, 그림
유용선 옮김

독서학교

본 역서는 Gallimard folio junior 판을 참조했습니다.

레옹 베르트에게

Saint-Exupéry et Léon Werth

생텍쥐페리와 그가 어린왕자를 헌사한 레옹 베르트

레옹 베르트에게

이 책을 어떤 어른에게 바치게 되어 어린이들의 용서를 구하고자 한다. 나로서는 중요한 이유가 있다. 이 어른은 이 세상에서 내가 아는 가장 좋은 친구이다. 다른 이유도 있다. 이 어른은 모든 걸, 어린이를 위한 책마저도, 이해한다. 셋째 이유도 있다. 이 어른은 지금 굶주림과 추위에 떨며 프랑스에서 지낸다. 그에겐 위로가 필요하다. 혹시 이 모든 이유로도 충분하지 않다면, 나는 이 책을 한때 이 어른이 지나왔을 그 아이에게 바치련다. 어른은 누구나 처음에는 어린이였다. (하지만 그들 가운데 아주 적은 수만 이를 기억한다.) 그러므로 내 헌사를 이렇게 수정한다.

작은 아이였을 적의
레옹 베르트에게

1. 어른들

여섯 살 때, 한번은 <체험담>이라고 하는 원시림에 관한 책에서 엄청난 사진을 본 적이 있다. 맹수를 집어삼키고 있는 보아구렁이였다. 이것은 본뜬 그림이다.

책에는 이렇게 쓰여 있었다.
"보아구렁이는 먹이를 씹지 않고 통째로 집어삼킨다. 그러고는 꼼짝도 못하고 그걸 소화시키느라 여섯 달 동안 잠을 잔다."
나는 그때 밀림에서의 모험을 이것저것 곰곰 생각하고 나선 색연필로 나로서는 생애 첫 번째인 그림을 그려 보았다. 내 그림 제1호는 이랬다.

　나는 이 걸작을 어른들에게 보여주고는 내 그림
이 무섭지 않느냐고 물었다.
　그들은 이렇게 대답했다. "모자가 어째서 무섭다
는 거니?"
　내 그림은 모자를 표현한 게 아니었다. 코끼리
한 마리를 소화시키는 보아구렁이를 표현한 거였
다. 그래서 나는 어른들이 이해할 수 있도록 보아
구렁이의 속을 그렸다. 어른들은 늘 설명이 필요하
다. 내 그림 제2호는 이랬다.

　어른들은 내게 속이 보이거나 보이지 않는 보아

구렁이 그림은 집어치우고 차라리 지리나 역사, 산수, 문법에 관심을 가져 보라고 충고했다. 그래서 나는 화가라는 멋진 직업을, 여섯 살에, 포기해 버렸다. 내 그림 제1호와 내 그림 제2호의 실패로 의기소침해지고 말았다. 어른들은 혼자선 아무것도 이해하지 못한다. 번번이 설명해주자니 아이들로선 피곤한 노릇이다.

다른 직업을 선택해야 해서 비행기 조종하는 법을 배웠다. 세상 곳곳을 거의 어디나 날아다녔다. 지리는 정말로 내게 많은 도움을 주었다. 나는 중국과 애리조나를 한눈에 구별할 줄 알았다. 밤에 길을 잃었을 때, 지리는 아주 유용하다.

하여 나는 평생 수없이 많은 성실한 사람들과 수없이 많은 접촉을 했다. 어른들 틈에서 많이 살아온 것이다. 아주 가까이서 그들을 보아 왔다. 그렇다고 그들에 대한 내 생각이 나아진 건 아니다.

지혜로워 보이는 사람을 만날 때면, 나는 늘 지니고 다니는 그림 제1호로 시험해 보곤 했다. 그가 정말로 뭔가를 이해하는지 알고 싶었다. 하지만 언제나 그이는 이렇게 대답했다.

"모자군요."

그러면 나는 그에게 보아구렁이니 원시림이니 별이니 하는 것들은 이야기하지 않았다. 그의 수준에 맞춰 주었다. 그에게는 브리지 게임, 골프, 정치, 넥타이 이야기를 했다. 그러면 그 어른은 분별 있는 사람을 또 알게 되었다며 몹시 기뻐했다.

2. 만남

　그러니 대화다운 대화를 나눌 사람 하나 없이 외롭게 지낸 셈이다, 여섯 해 전 사하라 사막에서 비행기 고장을 겪을 때까진. 엔진 어느 부위가 부서져 버렸다. 엔지니어도 탑승자도 없이 혼자 그 어려운 수리를 시도할 채비를 갖추었다. 나로선 죽느냐 사느냐 하는 문제였다. 팔일 정도 마실 물밖에 남아 있지 않았다.

　첫날밤은 인가로부터 수천 마일 떨어진 사막에서 잠이 들었다. 대양 한가운데에 떠 있는 뗏목 위 표류자보다도 고립되어 있었다. 그러니 상상해 보라, 해가 뜰 무렵 작고 야릇한 목소리가 나를 깨웠을 때 내가 얼마나 놀랐을지. 목소리는 말했다.

　"저기요, 양 한 마리만 그려 주세요!"

　"으응?"

　"양 한 마리만 그려 달라고요."

　나는 벼락에 맞은 듯 놀라 벌떡 일어섰다. 눈을 비벼 보았다. 잘 살펴보았다. 그리고 나는 아주 진지하게 나를 바라보는, 평범함과는 거리가 먼 아이를 보았다. 다음은 훗날 내가 그를 그린 초상화 가운데 가장 잘된 것이다. 물론 내 그림은 모델의 매력에는 훨씬 못 미친다. 내 잘못이 아니다. 여섯 살 적에 어른들한테 실망해 화가가 되어볼 생각을 접은 뒤로 속이 보이지 않거나 보이거나 하는 보아구렁이 말곤 제대로 그려본 적이 없었으니까.

어쨌건 나는 이 갑작스런 출현에 너무 놀라 눈을 휘둥그레 뜨고 그를 바라보았다. 내가 사람이 사는 곳에서 수천 마일 떨어진 사막에 버려져 있었음을 잊지 마시라. 그런데 내 이 작은 사람은 사막에서 길을 잃은 것 같지도 피로와 굶주림과 목마름과 두려움에 시달리는 것 같지도 않았다. 사람이 사는 곳으로부터 수천 마일 떨어진 사막 한가운데에서 길을 잃은 어린이다운 점이라곤 도무지 없었다. 나는 가까스로 말문이 열려, 그에게 말을 건넸다.

"그런데... 너 여기서 뭐하는 거니?"

그러자 그는 아주 중요한 일을 이야기할 때처럼 매우 천천히 되풀이해 말했다.

"부탁인데... 양 한 마리만 그려 줘요..."

지나치게 수수께끼 같은 일을 당하면 감히 거역할 엄두를 못 내는 법이다. 사람 사는 곳에서 수천 마일 떨어진 곳에서 죽음의 위험을 마주한 처지에 이게 무슨 엉뚱한 짓인가 여기면서도, 나는 주머니에서 종이 한 장과 만년필을 꺼냈다. 그러자 내가 공부한 것은 지리, 역사, 계산, 문법이라는 생각이 나서 그 꼬마에게 (조금 기분이 나빠져서는) 그림을 그릴 줄 모른다고 말했다. 그가 대답했다.

"상관없어요. 양 한 마리만 그려 주세요."

양은 한 번도 그려 본 적이 없었기에, 그를 위해 내가 그릴 수 있는 단 두 가지 그림 가운데 하나를 다시 그려 주었다. 속이 보이지 않는 보아구렁이 그림이었다. 그러자 아이는 놀랍게도 이렇게 대답했다.

"아뇨! 아뇨! 보아구렁이 속의 코끼리는 싫어요. 보아구렁이는 너무 위험해요. 코끼리는 너무 거추장스럽고. 제가 사는 곳은 아주 작거든요. 저는 양이 한 마리 필요해요. 양을 그려 줘요."

그래서 그리게 되었다.

그가 주의 깊게 바라보더니 말했다.

"아냐! 이 양은 벌써 병이 들었어. 다른 걸로 하나 그려 줘요."

다시 그렸다.

　내 친구는 너그러운 모습으로 상냥하게 미소 지
었다.
　"잘 봐요... 얘는 양이 아니라 숫양이네. 뿔이 있
어..."
　그래서 나는 또다시 그렸다.
　하지만 이 역시 앞의 것들과 마찬가지로 거절당
했다.
　"얜 너무 늙었어요. 오래 살 수 있는 양이면 좋
겠어요."

그래서 나는 더 참지 못하고, 서둘러 엔진을 분해해야 하기도 해서, 여기 이 그림을 되는 대로 끼적거렸다.

그러고는 한 마디 툭 던졌다.

"이게 바로 그 상자야. 네가 바라는 양은 이 안에 있어."

그러자 정말 놀랍게도 내 어린 심판관의 안색이 환해졌다.

"이게 바로 내가 원하던 거예요! 이 양에게 풀을 많이 주어야 하나요?"

"그건 왜?"

"내가 사는 데가... 아주 작거든요."

"그걸로 충분할 거야. 너한테 준 건 아주 작은 양이야."

그가 고개를 숙여 그림을 들여다보았다.

"뭐 그렇게 작지도 않은 걸... 어라! 잠들었네..."

이렇게 해서 나는 어린 왕자를 알게 되었다.

3. 작은 별

그가 어디에서 왔는지 아는 데에는 시간이 다소
걸렸다. 어린 왕자는 내게 많은 질문을 던졌지만

내 질문에는 도무지 귀 기울이는 것 같지 않았다. 차츰차츰 모두 알게 해준 것은 그가 우연히 했던 말들이었다. 가령 내 비행기를 처음 보았을 때 (비행기는 그리지 않겠다. 내가 그리기엔 너무 복잡한 물건이다.) 그가 내게 물었다.

"이 물건은 도대체 뭐예요?"

"그냥 물건이 아니야. 날아다녀. 비행기지. 내 비행기야."

내가 날아다닌다는 사실을 그에게 알려주자니 자랑스러운 생각이 들었다. 그러자 그가 소리쳤다.

"이럴 수가! 아저씬 하늘에서 떨어진 거네!"

"그렇단다." 나는 겸손하게 대답했다.

"아! 그거 참 재밌겠다!"

어린 왕자는 아주 명랑하게 까르르 웃어댔는데, 그게 나를 몹시 불쾌하게 했다. 나는 내가 처한 불행이 진지하게 받아들여지기 바란다. 이어서 그가 덧붙였다.

"그럼, 아저씨도 하늘에서 왔군요! 어느 별에서 왔어요?"

순간 나는 그의 존재의 신비 속에 담긴 한 줄기 빛을 언뜻 보고는 불쑥 물었다.

"그럼 넌 다른 별에서 왔구나?"

하지만 그는 대답하지 않았다. 내 비행기에게서 눈을 떼지 않은 채 그저 얌전히 고개를 끄덕였다.

"이걸 타고서는... 아주 멀리서 오지는 못했겠네."

그리고는 한참을 깊이 생각에 잠겼다. 그러더니 내가 그려준 양 그림을 제 주머니에서 꺼내어 자신의 보물 생각에 폭 빠져들었다.

'다른 별들'이라는 말에서 반쯤 드러난 비밀 덕분에 내가 얼마나 호기심으로 들떴을지 여러분은 상상할 수 있으리라.

"꼬마야, 넌 어디서 왔니? 네가 말하는 '내가 사는 곳'이 어디야? 내 양을 어디로 데려가려는 거지?"

그는 말없이 생각에 잠겼다간 대답했다.

"참 잘됐어요. 아저씨가 준 상자가 밤이면 양의 집이 되어줄 테니까."

"그렇고말고. 네가 얌전히 굴면, 낮 동안 양을 매어 놓을 고삐를 줄게. 말뚝도."

그 제안이 어린 왕자를 놀라게 한 것 같았다.

"매어 놓는다고? 이상한 생각을 하시네!"

"하지만 매어 놓지 않으면 녀석이 아무 데나 가

다가 길을 잃어버릴 수 있을 텐데."

　그러자 내 친구는 다시 까르르 웃음을 터뜨렸다.

　"가긴 어디를 간다 그래요!"

　"어디든. 곧장 앞으로..."

　그러자 어린 왕자는 진중한 낯빛으로 말했다.

　"괜찮아요. 내가 사는 데는 뭐든지 아주 작거든!"

　그리고는 조금 서글픈 기분이 들었는지 덧붙였다.

　"곧장 앞으로 간들 그리 멀리 가지도 못하고..."

소행성 *B612호의 어린 왕자*

4. 소행성 B612호

이렇게 해서 아주 중요한 두 번째 사실을 알게 되었다. 그의 별은 집 한 채보다 클까 말까 하다!

놀라운 일은 아니었다. 지구, 목성, 화성, 금성 따위 사람들이 이름을 붙여 놓은 커다란 행성 말고도 어떤 것은 너무 작아 망원경으로도 보기 힘든 수백 개의 다른 행성이 있다는 사실을 나는 잘 알고 있었다. 천문학자는 그중 하나를 발견하면 이름 대신 번호를 매긴다. 이를테면, 소행성 325호라는 식으로.

어린 왕자가 살던 별이 소행성 B612호라고 내가 믿는 데에는 상당한 근거가 있다. 그 별은 딱 한 번, 1909년에, 터키 천문학자의 망원경에 잡힌 적이 있다.

당시 그는 국제 천문학회에서 자신의 발견을 훌륭히 증명해 보였었다. 하지만 아무도 그의 말을 믿지 않았었다. 그가 입은 옷 때문이었다. 어른들은 이런 식이다.

소행성 B612호의 명성을 위해서는 다행스럽게도, 터키의 독재자는 국민에게 양복을 입지 않으면 사형에 처하는 법을 제정했다. 천문학자는 1920년

매우 멋진 옷을 입고 자신의 논증을 다시 했다. 이
번에는 모두 그의 말을 믿었다.

  내가 소행성 B612호에 관해 이렇게 자세히 이야
기하고 그 번호까지 털어놓는 까닭은 어른들 때문
이다. 어른들은 숫자를 좋아한다. 새로 사귄 친구
이야기를 하면, 그들은 가장 중요한 것은 물어 보
는 법이 없다. 결코 이렇게는 말하지 않는다. "그
의 목소리는 어떠니? 그가 좋아하는 놀이는 뭐지?
나비를 수집하니?" 그들은 이렇게 묻는다. "몇 살
이지? 형제는 몇이고? 몸무게는 얼마야? 아버지
수입은 어때?" 그래야만 그를 알게 된다고 믿는다.

어른들에게 "창턱에는 제라늄 화분이 있고 지붕에는 비둘기가 있는 장밋빛 벽돌집을 봤어요." 하면, 그들은 그 집을 상상해내지 못한다. 그들에겐 이렇게 말해줘야 한다. "십만 프랑짜리 집을 봤어요." 그제야 그들은 소리친다. "얼마나 예쁠까!"

그러니, 여러분이 그들에게 "어린 왕자는 매력적이었고, 웃었고, 양 한 마리를 가지고 싶어 했다는 것이 그가 이 세상에 있었던 증거야. 어떤 사람이 양을 갖고 싶어 한다면 그건 그가 이 세상에 있는 증거야."라고 말하면, 그들은 어깨를 으쓱하며 여러분을 어린애 취급할 것이다! 그러나 "그가 떠나온 별은 소행성 B612호입니다."라고 말하면 확실히 수긍하고 더는 질문으로 여러분을 귀찮게 하지 않을 것이다. 어른들은 그 모양이다. 그들에게 더 바랄 필요는 없다. 어린이는 늘 너그럽게 어른을 대해야 한다.

하지만, 아무렴, 인생을 이해하는 우리는 숫자 따위는 아랑곳하지 않는다! 나는 이 이야기를 동화처럼 시작하고 싶었다. 이렇게 말하고 싶었다.

"옛날에 자기보다 조금 더 클까 말까 한 별에 사는 어린 왕자가 있었어요. 그는 친구가 필요했지요." 인생을 이해하는 사람들에겐, 이쪽이 훨씬 더 진실해 보일 것이다.

사람들이 내 책을 가볍게 읽기 말았으면 해서다. 이 추억을 이야기하자니 사뭇 슬퍼진다. 내 친구가 그의 양과 함께 떠나버린 지 어언 여섯 해다. 내가 여기서 그를 묘사해 보려 애쓰는 건 그를 잊지 않기 위해서다. 친구를 잊는 일은 슬프다. 모든 사람이 친구가 있는 건 아니다. 나 또한 숫자 말고는 더 이상 흥미가 없는 어른들처럼 될 수 있다.

내가 그림물감 한 상자와 연필을 산 것은 그래서였다. 이 나이에 다시 그림에 손을 대자니 힘이 든다. 여섯 살 때, 속이 보이거나 보이지 않는 보아구렁이 이외에는 달리 엄두를 내본 적이 없는데! 물론 되도록 실물에 가깝게 초상화를 그려 보려 노력은 하겠다. 하지만 성공하리라는 자신은 없다. 어떤 그림은 괜찮은데 또 어떤 그림은 닮지 않았다. 키도 조금씩 어긋난다. 여기서는 어린 왕자가 너무 크고, 저기서는 너무 작고. 그의 옷 색깔에 대해서도 역시 주저하게 된다. 그러니까 그럭저럭 너무 나쁘게는 하지 않으려고 모색하는 거다.

중요한 어떤 부분을 잘못 그릴지도 모른다. 하지

만 그 점은 용서해 주어야 한다. 내 친구는 설명해
주는 법이라곤 없었다. 그는 아마 내가 자기랑 비
슷하다고 여긴 모양이다. 하지만 나는, 불행히도,
상자 너머로 양을 들여다볼 줄 모른다. 조금씩 어
른들과 비슷해졌나 보다. 늙어 버린 모양이다.

5. 바오밥 나무

날마다 차츰차츰 별이니 출발이니 여행이니 하는 것들을 알아갔다. 모두 서서히, 그것도 아주 우연히 드러났다. 사흘째 되던 날, 바오밥 나무의 비극도 그렇게 알게 되었다.

이번에도 양 덕택이었다. 심각한 의문이라도 생긴 듯, 어린 왕자가 뜬금없이 물었다.

"양이 작은 나무를 먹는다는 게 사실이에요?"

"그럼, 사실이지."

"아! 정말 잘됐다!"

양이 작은 나무를 먹는다는 사실이 왜 그리 중요했는지 나는 이해하지 못했다. 어린 왕자가 말을 이었다.

"그렇다면 바오밥 나무도 먹겠네?"

나는 어린 왕자에게 바오밥은 작은 나무가 아니라 성채처럼 거대한 나무여서 코끼리 한 떼를 데려간다 해도 바오밥 나무 한 그루도 다 먹어치우지 못할 거라고 일러 주었다.

코끼리 한 떼라는 생각이 어린 왕자를 웃음 짓게

했다.

"그놈들을 포개 놓아야겠네."

하지만 그는 영리하게도 이렇게 말했다.

"바오밥 나무도 다 자라기 전에는 자그맣게 시작하죠."

"그러네! 그런데 어째서 양이 작은 바오밥 나무를 먹었으면 하는 거니?"

어린 왕자는 더 말할 나위 없다는 듯 "아이 참!" 하고 대꾸했다. 그래서 나는 혼자 이 문제를 푸느라 머리를 짜내야만 했다.

정말로, 어린 왕자가 사는 별에는 다른 모든 별과 마찬가지로 좋은 풀들과 나쁜 풀들이 있었다. 따라서 좋은 풀의 좋은 씨앗과 나쁜 풀의 나쁜 씨앗이 있었다. 하지만 씨앗은 눈에 잘 띄지 않는다. 땅의 은밀함 속에 깊이 잠들어 있던 씨앗 가운데 하나가 갑작스레 잠에서 깨어나고 싶은 열망에 사로잡힌다. 기지개를 켜고 나서는, 매혹적이고 해로울 것 없는 싹을 해를 향해 먼저 쏘옥 내민다. 순무나 장미의 싹이라면 그냥 자라라고 놔두어도 된다. 하지만 나쁜 식물일 경우에는 눈에 띄는 족족 별에서 뽑아내야 한다.

어린 왕자의 별에는 무서운 씨앗들이 있었으니... 바로 바오밥 씨앗이었다. 별의 흙은 그 씨앗으로 우글거렸다. 바오밥 나무는 너무 늦으면 영영 손을 쓸 수 없게 된다. 녀석은 별을 온통 뒤덮는다. 제 뿌리로 별에 구멍을 뚫어버린다. 별이 너무 작은데

바오밥 나무가 너무 많아지면, 녀석들이 별을 산산
조각 내고 만다.

"훈련하기 나름이에요." 훗날 어린 왕자가 말했
다. "아침에 몸단장을 할 때, 별도 정성스레 가꾸
어주어야 해요. 아주 어릴 때에는 장미와 많이 닮
아서 구별할 수 있게 되는 즉시 바오밥 나무를 규
칙적으로 뽑아버려야 하죠. 몹시 귀찮은 일이지만
아주 쉬운 일이기도 해요."

어느 날 그는 나에게 내가 사는 이곳 어린이들의 머리에 쏘옥 박힐 만한 예쁜 그림을 하나 그리라고 충고해주었다.

"아이들이 언젠가 여행을 할 때 도움이 될 테니까요. 할 일을 뒤로 미루는 것이 때로는 별일 아닐 수 있어요. 하지만 바오밥 나무의 경우라면, 언제나 재앙이죠. 게으름뱅이가 사는 별을 알아요. 그 사람은 나무 세 그루를 무시했어..."

그래서 나는 어린 왕자가 가르쳐 주는 대로 그 별을 그렸다. 도덕 선생 투로 말하긴 싫다. 하지만 바오밥 나무의 위험은 거의 알려져 있지 않고, 소행성에서 길을 잃는 사람이 겪을 위험은 엄청나기 때문에, 나는 딱 한 번만 그런 조심성을 버리고 말하려 한다.

"어린이 여러분! 바오밥 나무를 조심하세요!"

내가 이 그림을 이처럼 정성껏 그린 까닭은 내 친구들이, 내가 그랬듯이, 오래 전부터 자신도 알지 못할 사이에 처할 위험을 피하게 하려 함이다. 내가 건넨 이 교훈은 그렇게 애쓸만한 가치가 있다. 어쩌면 여러분은 내게 물을 수도 있겠다.

"어째서 이 책에는 이 바오밥 나무 그림처럼 거

창한 다른 그림이 또 없는 거요?"

　대답은 아주 간단하다. 애썼지만 뜻대로 되지 않았다. 바오밥 나무를 그릴 때에는 절박한 심정으로 정신을 쏟았던 것이다.

바오밥 나무

6. 해넘이

아! 어린 왕자, 나는 차츰차츰 너의 쓸쓸하고 소박한 삶을 이해하게 되었단다. 오랫동안 너에게 심심풀이라곤 해넘이를 지켜보는 즐거움뿐이었지. 나흘째 되던 날 아침, 난 새로운 사실을 알게 되었어. 네가 이렇게 말했거든.

"해질 무렵을 참 좋아해요. 우리, 해넘이 보러 가요."

"하지만 기다려야 해..."

"기다린다고?"

"해가 지길 기다려야지."

처음에 너는 크게 놀라는 것처럼 보였지만 곧 웃음을 터뜨렸어. 그리곤 말했지.

"난 늘 내가 아직도 집에 있다고 생각한다니까!"

사실 그래. 미국이 정오일 때, 다들 알다시피, 프랑스는 해가 지지. 프랑스로 단숨에 달려갈 수 있다면 해 지는 광경을 충분히 볼 수 있어. 불행히도 프랑스는 너무 멀리 떨어져 있고. 하지만 너의 그 자그마한 별에서는 의자를 몇 발짝 뒤로 물려놓기만 하면 그만이었어. 너는 언제고 원할 때마다 해 지는 풍경을 바라보곤 했던 거야.

"어떤 날은 해넘이를 마흔네 번이나 본 적도 있어요."

그러고는 잠시 후 너는 말을 이었어.

"아저씨도 아시다시피... 아주 슬플 때는 해 지는 풍경을 좋아하게 되죠."

"마흔네 번 보았던 그날, 그럼 너도 그렇게 슬펐던 거니?"

하지만 어린 왕자는 대답하지 않았지.

7. 중요한 일

닷새째, 늘 그랬듯이 양 덕분에, 어린 왕자 인생의 비밀을 하나 알게 되었다. 그는 어떤 문제를 오랫동안 곰곰 생각한 뒤에 나온 말인 양 불쑥 내게 질문을 쏟아냈다.

"양 말이에요. 작은 나무를 먹으니까 꽃도 먹겠지요?"

"양은 닥치는 대로 먹어."

"가시가 있는 꽃도?"

"그럼. 가시가 있는 꽃도 먹고말고."

"그렇다면 가시는 무슨 소용이죠?"

그건 나도 알지 못했다. 그때 나는 모터에 너무 꼭 죄인 볼트를 빼내는 데 정신이 팔려 있었다. 비행기 고장이 매우 심각해 보이기 시작했고, 마실 물이 바닥이 드러나는 마당에 최악의 사태를 당할까 두려워 몹시 불안했다.

"가시는 무슨 소용이냐고요?"

어린 왕자는 한번 던진 질문은 절대 포기하는 법이 없었다. 나는 볼트 때문에 신경이 곤두서 있어 그만 아무렇게나 대답해 버렸다.

"가시는 아무짝에도 소용이 없어. 순전히 꽃들이 심술부리는 거지."

"하!"

잠시 아무런 말도 없다가 그가 원망스럽다는 듯 쏘아붙였다.

"거짓말! 꽃들은 연약해요. 순진하고. 꽃들은 나름대로 할 수 있는 한 스스로를 보호하는 거예요. 가시가 있으니까 자기들이 무서울 거라 믿는 거고..."

나는 아무런 대꾸도 하지 않았다. 그 순간 나는 생각했다.

'이 볼트가 계속 버티면 망치로 두들겨 튀어나오게 해야겠군.'

어린 왕자는 또 다시 내 생각을 방해했다.

"그러니까 아저씨 생각에 꽃들은..."

"아니! 아니야! 난 아무 생각 없어! 아무렇게나 대답했어. 난 말이야. 지금 중요한 일로 정신이 하나도 없어."

그가 깜짝 놀라서 나를 바라보았다.

"중요한 일!"

그는 나를 바라보고 있었다, 손에 망치를 들고 손가락은 시커멓게 기름투성이가 되어서는 그에겐 아주 흉측스러워 보일 물체 위로 몸을 기울인 내 모습을.

"어른들처럼 말하네!"

그 말이 나를 조금 부끄럽게 했다. 그는 가차 없이 말을 이어갔다.

"아저씨는 모든 걸 혼동하고 있어... 모조리 뒤죽박죽!"

그는 정말로 잔뜩 화가 나 있었다. 온통 금빛인 그의 머리칼이 바람에 흩날리고 있었다.

"얼굴이 시뻘건 어른이 사는 별을 알아요. 그 사람은 꽃향기라곤 맡아본 적이 없죠. 별을 바라본 적도 없고, 아무도 사랑해 본 일도 없고, 계산 말고는 달리 하는 일이 없어요. 그리고 하루 종일 아저씨처럼 뇌까려요. '나는 중요한 일을 하는 사람이야! 나는 중요한 일을 하는 사람이야!' 게다가 교만으로 가득 차 있고. 하지만 그는 사람이 아니야. 버섯이지!"

"뭐라고!"

"버섯이라고!"

어린 왕자는 이제 분노로 얼굴이 온통 창백해져 있었다.

"수백만 년 전부터 꽃은 가시를 만들고 있어요. 수백만 년 전부터 양은 꽃을 먹어왔고. 그런데도 꽃이 어째서 그 아무짝에도 쓸모없는 가시를 만드느라 애쓰는지 알아내는 일이 중요하지 않다는 거예요? 양과 꽃의 전쟁이 전혀 중요하지 않다고? 그게 얼굴이 시뻘건 뚱뚱보 아저씨의 계산보다 심각하지도 중요하지도 않다고? 내가 아는, 다른 어디에도 없고 오직 나의 별에만 있는, 세상에 단 하나뿐인 꽃 한 송이를, 어린 양 한 마리가, 어느 날 아침, 자기가 무슨 짓을 하는지 헤아릴 새도 없이 단숨에 무너뜨릴 수도 있는데, 그게 별로 중요하지 않다니!"

그는 얼굴이 새빨개져서 말을 이었다.

"누군가 수백만 개 별들 가운데 온전히 하나밖에 존재하지 않는 꽃을 사랑한다면, 그는 별들을 바라보는 것만으로도 행복할 수 있어요. '내 꽃이 저기 어딘가에 있어.' 생각하면서. 하지만 양이 그 꽃을 먹는다면, 그에게는 갑자기 모든 별들이 사라져 버리는 거나 마찬가진데! 그런데도 그게 중요하지 않다니!"

그는 더 이상 말을 잇지 못했다. 그가 별안간 흐
느껴 울기 시작했다. 밤이 내려앉은 뒤였다. 나는
손에서 연장을 놓아 버렸다. 망치도 볼트도 목마름
도 죽음도 모두 우습게 생각되었다. 어느 별, 어느
행성, 나의 별, 지구 위에, 위로해줘야 할 어린 왕
자가 있었다! 나는 두 팔로 그를 꼬옥 껴안았다.
그를 살포시 흔들어주며 내가 말했다.

"니가 사랑하는 꽃은 위험하지 않아... 양에게는
입마개*를 그려줄게... 내가 꽃에겐 갑옷을 그려줄
게... 내가..."

더는 뭐라 말할지 알 수 없었다. 나 자신이 너무
어설프게 느껴졌다. 그를 어떻게 어루만져야 할지
어디에서 그와 다시 한마음을 이룰지 알 수 없었
다. 눈물의 나라란 그토록 신비스러운 것이다!

---

* muselière. 흔히 굴레로 번역해온 이 낱말은 한국말
로는 부리망이라고 해요. 곡식 따위를 함부로 먹지 못
하게 가축의 코와 입에 씌워요.

8. 어린왕자와 장미

나는 곧 그 꽃에 대해 더 잘 알게 되었다. 이전부터 어린 왕자의 별에는 꽃잎이 한 겹인 아주 소박한 꽃들이 있었다. 자리는 거의 차지하지 않았고 누구를 귀찮게 하지도 않았다. 어느 아침 풀숲에서 나타났다가는 저녁이면 시나브로 사라지곤 했다.

하지만 이번 것은 어딘지 모를 곳에서 날아온 씨앗에서 어느 날 싹을 틔웠다. 어린 왕자는 다른 싹들과 닮지 않은 그 싹을 주의 깊게 관찰했다. 새로운 종류의 바오밥일지도 모를 노릇이었다. 작은 나무는 곧 성장을 멈추고 꽃피울 준비를 하기 시작했다. 커다란 꽃망울이 맺히는 것을 지켜보던 어린 왕자는 거기에서 어떤 기적이 나타나리라 직감했다. 그러나 꽃은 자신의 초록색 방에 숨어 언제까지고 아름다워질 채비를 끝마치지 않았다. 세심하게 빛깔을 고르고 있었다. 천천히 옷을 입고 꽃잎을 하나하나 다듬고 있었다. 그녀는 양귀비처럼 구겨진 모습으로 세상에 드러나고 싶지 않았다. 제 아름다움이 넉넉히 빛을 발할 때에야 비로소 나타나고 싶어 했다. 그렇다! 꽃은 아주 앙증맞았다. 그녀의 신비로운 몸단장은 그렇게 며칠이고 계속되었다. 그러던 어느 날 아침, 해가 막 떠오르는 시각, 그녀가 모습을 드러냈다.

그토록 꼼꼼히 치장을 했으면서도, 꽃은 하품을 하며 말했다.

"아! 이제 막 잠이 깼어요. 죄송해요... 머리칼이 아직 헝클어진 채라..."

어린 왕자는 그만 감탄하고 말았다.

"정말 아름다워요!"

"아무렴요." 꽃이 살며시 대답했다. "해님과 같은 시간에 태어났거든요."

어린 왕자는 꽃이 그다지 겸손하지는 않다는 걸 알아챘지만 꽃은 너무나도 감동적이었다.

"아침식사를 할 시간 같은데." 꽃이 곧 덧붙여 말했다. "저한테 호의를 베푸실 수 있을지..."

몹시 당황한 어린 왕자는 신선한 물이 담긴 물 뿌리개를 찾아 꽃의 시중을 들어주었다.

꽃은 그렇듯 조금은 까다로운 허영으로 그를 괴롭혔다. 어느 날엔가, 꽃은 자신이 지닌 네 개의 가시 이야기를 하며 어린 왕자에게 이렇게 말하기도 했다.

"호랑이들이 발톱을 세우고 올 테면 와보라지!"

"제 별에는 호랑이가 없어요. 게다가 호랑이는 풀을 먹지 않아요." 어린 왕자가 이의를 제기했다.

"저는 풀이 아니에요." 꽃이 부드럽게 대답했다.

"미안해요..."

"저는 호랑이는 조금도 무섭지 않지만, 바람은 아주 질색이에요. 당신 혹시 바람막이 있나요?"

'바람은 질색이라니... 식물치곤 안 된 일이군. 이 꽃은 아주 까다롭구나.' 어린 왕자는 속으로 생각했다.

"저녁에는 동그란 덮개를 씌어 줘요. 당신이 사는 이곳은 매우 춥군요. 설비가 좋지 않아. 내가 살던 곳은..."

　하지만 꽃은 말을 잇지 못했다. 꽃은 씨앗 형태로 왔다. 다른 세상을 알 리 없었다. 빤한 거짓말을 하려다 들켜 부끄러워진 꽃은 어린 왕자에게 잘못을 떠넘기려 두어 번 기침을 했다.

　"바람막이는?"

　"찾아보려는 참에 당신이 말을 거셨어요."

　그러자 꽃은 어린 왕자에게 가책을 느끼게 하려고 더 심하게 기침을 했다.

　그리하여 어린 왕자는 애정에서 우러나온 호의를
지니면서도 곧 꽃을 의심하게 되었다. 그는 대수롭
지 않은 말들을 심각하게 받아들이면서 몹시 불행
해지고 말았다.

　어느 날 그가 내게 속내를 털어놓았다.

　"꽃한테 귀를 기울이지 말았어야 했어요. 꽃들이
하는 말엔 절대로 귀를 기울이면 안 돼요. 그냥 바
라보고 향기를 맡아야 해요. 내 꽃이 나의 별에 좋
은 냄새를 풍겨 주었는데도 나는 그걸 즐길 줄 몰
랐어요. 발톱 이야기가 거슬렸어도 내가 감싸줬어
야 했는데..."

그는 이런 말도 털어놓았다.

"그때 난 아무것도 이해하지 못했어! 말이 아닌 행동으로 꽃을 판단했어야 했는데. 꽃은 나에게 향기를 풍겨주고 내 마음을 밝혀 주었죠. 절대로 달아나지 말았어야 했어! 어수룩한 꾀 뒤에 애정이 숨어있다는 걸 알아챘어야 했는데. 꽃들이란 그렇게 모순덩어리인 것을! 하지만 그런 꽃을 사랑하기에는 내가 너무 어렸어요."

9. 작은 별을 떠나던 날

나는 어린 왕자가 철새의 이동을 이용하여 별을 벗어났을 거라 생각한다. 떠나는 날 아침, 그는 자신의 별을 잘 정돈했다. 활화산들은 세심하게 청소했다. 그에게는 불을 뿜는 화산이 둘 있었다. 그것들은 아침밥을 데우는 데 아주 편리했다. 불이 꺼진 화산도 하나 있었다. 그가 말했듯이 '어찌 될지 알 수 없는 일'이었다. 그래서 그는 불이 꺼진 화산도 마찬가지로 잘 청소했다. 화산들은 청소가 잘되었을 때는 부드럽게, 규칙적으로, 폭발하지 않고 타오른다. 화산 폭발도 벽난로의 불과 마찬가지이다. 우리 지구에 있는 화산을 청소하기에 우리는 분명 너무 작다. 그 때문에 화산은 우리에게 숱한 곤란을 가져다준다.

어린 왕자는 조금은 서글픈 심정으로 바오밥 나무의 마지막 싹들도 뽑아냈다. 그는 다시는 돌아오지 못하리라고 생각했다. 하지만 익숙했던 그 모든 일들이 그날 아침에는 유난히 다정하게 느껴졌다. 꽃에게 마지막으로 물을 주고 둥근 덮개를 씌어주려는 순간, 그는 울고 싶은 심정이 되었다.

"잘 있어." 그가 꽃에게 말했다.

하지만 꽃은 대답하지 않았다.

"잘 있어." 그가 다시금 말했다.

꽃은 기침을 했다. 하지만 감기 때문은 아니었다.

"내가 어리석었어." 마침내 꽃이 입을 열었다. "미안해. 당신이 부디 행복했으면 해."

비난이 전혀 들어있지 않은 말에 그는 몹시 놀랐다. 그는 유리덮개를 손에 든 채 어쩔 줄 모르고 서 있었다. 그는 이 다정스러운 고요를 이해할 수 없었다.

"그래, 난 당신을 좋아해." 꽃이 말했다. "당신은 전혀 몰랐지. 내 탓이야. 아무래도 좋아. 하지만 당신도 나랑 마찬가지로 어리석었어. 부디 행복하기를... 이 둥근 덮개는 그냥 놓아둬. 이제 필요 없으니까."

"하지만 바람이..."

"그리 심한 감기는 아니었어. 신선한 밤공기는 나한테 이로울 거야. 나는 꽃이잖아."

"하지만 짐승이..."

"나비들과 사귀려면 애벌레 두세 마리쯤은 견뎌

야지. 나비는 무척 예뻐. 걔네 아니면 누가 나를 찾아주겠어? 당신은 멀리 있겠지. 커다란 짐승은 두렵지 않아. 손톱이 있으니까."

꽃은 천진스럽게 자기가 지닌 가시 네 개를 보여주더니, 이윽고 말을 이었다.

"그렇게 우물쭈물하지 마. 떠나기로 결심했잖아. 어서 가."

꽃은 울고 있는 제 모습을 그에게 보이고 싶지 않았던 것이다. 그토록 자존심이 강한 꽃이었다.

10. 임금님의 별

어린 왕자는 325호, 326호, 327호, 328호, 329
호, 330호 따위 작은 행성들과 이웃해 있었다. 일
자리도 구하고 견문도 넓힐 요량으로 그는 이 별
들부터 찾아보기로 했다.

첫째별에는 왕이 살고 있었다. 왕은 자주색 천과
흰 모피로 지은 옷을 입고 아주 단순하고도 위엄
있는 옥좌에 앉아 있었다.

"아아! 신하로구나!" 어린 왕자를 보자 왕이 외
쳤다.

어린 왕자는 이상한 생각이 들었다.

'나를 한 번도 본 적이 없는데 어떻게 알아볼까!'

왕에게는 세상이 아주 간단하다는 사실을 그는
알지 못했다. 왕에게는 모든 사람이 신하이다.

"짐이 그대를 좀 더 잘 볼 수 있도록 가까이 다가
오너라." 누군가에게 왕 노릇을 하게 되어 무척 자
랑스러워진 왕이 말했다.

어린 왕자는 앉을 자리를 찾았으나 별은 화려한
모피 망토로 온통 뒤덮여 있었다. 그는 서 있을 수

밖에 없었고 또한 피곤했으므로 하품을 했다.

"왕의 면전에서 하품하는 것은 예의에 어긋나느니." 군주가 말했다. "짐이 하품을 금하노라."

"하품을 참을 수 없습니다." 몹시 당황한 어린 왕자가 말했다. "긴 여행을 해서 잠을 자지 못했어요."

"그렇다면 짐이 너에게 명하노니 하품을 하도록 하라. 하품하는 사람을 본 지도 여러 해가 되었구나. 하품하는 모습은 짐에게는 신기한 구경거리니라. 자! 또 하품하라. 명령이니라." 왕이 말했다.

"그렇게 말씀하시니 겁이 나서... 하품이 나오지 않아요." 얼굴을 새빨개져선 어린 왕자가 말했다.

"어흠! 흠!" 왕이 대답했다. "그렇다면 짐이... 짐이 명하노니 어떤 때는 하품을 하고 또 어떤 때는..."

그는 뭐라고 중얼거렸는데 화가 난 기색이었다.

왕은 자기 권위가 존중되기를 무엇보다도 바라고 있었기 때문이었다. 그는 불복종에는 너그럽지 못했다. 전제군주였던 것이다. 하지만 그는 매우 선량했으므로 언제나 사리에 맞는 명령을 내렸다.

"짐이 만약 어떤 장군에게 물새로 변하라고 명했는데 장군이 그 명령을 따르지 않았다면 그건 장군의 잘못이 아니라 짐의 잘못이니라." 그는 곧잘 그리 말하곤 했다.

"제가 앉아도 좋을까요?" 어린 왕자가 조심스레 물었다.

"너에게 앉기를 명하노라." 흰 모피 망토 한 자락을 위엄 있게 걷어 치워주면서 왕이 대답했다.

그러나 어린 왕자는 의아해했다. 별은 아주 조그마했다. 도대체 왕은 무엇을 다스리는 걸까?

"폐하," 그가 말했다. "제가 한 가지 여쭈어도 좋을까요?"

"명하노니, 질문하라." 왕이 서둘러 말했다.

"폐하, 폐하는 무엇을 다스리고 계신지요?"

"모든 것이니라." 왕은 아주 간단히 대답했다.

"모든 것이요?"

왕은 신중한 몸짓으로 자기의 별과 다른 별들과 떠돌이별들을 가리켰다.

"저 모든 것을요?" 어린 왕자가 물었다.

"저 모든 것을..." 왕이 대답했다.

그는 전제군주일 뿐 아니라 우주의 군주이기도 했

던 것이다.

"그럼 별들도 폐하에게 복종하나요?"

"물론이지." 왕이 말했다. "곧바로 복종하느니라. 짐은 불복종은 결단코 용서치 않느니라."

그러한 굉장한 권력에 어린 왕자는 경탄했다. 그런 권능을 지닐 수 있다면 의자를 당기지 않아도 하루에 마흔네 번 아니라 일흔두 번, 혹은 백 번, 이백 번이라도 해 지는 모습을 볼 수 있을 게 아닌가! 두고 온 그의 작은 별에 대한 추억 때문에 조금 슬퍼진 어린 왕자는 용기를 내어 왕에게 청을 드렸다.

"해 지는 모습을 보고 싶습니다... 청컨대... 해에게 지도록 명해 주십시오..."

"짐이 어떤 장군에게 나비처럼 이 꽃에서 저 꽃으로 날아다니길 명하거나 비극을 한편 쓰라고 명하거나 혹은 물새로 변하도록 명했는데 그 장군이 그 명령을 받고 복종하지 않는다면, 그와 짐 가운데 누구의 잘못인고?"

"폐하의 잘못이옵니다." 어린 왕자가 자신 있게 대답했다.

"옳거니. 누구에게든 그가 이행할 수 있는 것을

요구해야 하는 법이니라." 왕이 대답했다. "권위는 무엇보다 사리에 근거해야 하느니라. 만일 네가 너의 백성에게 바다에 몸을 던지라고 명령한다면 그들은 혁명을 일으킬 것이야. 짐의 명령들이 사리에 맞는 까닭에 짐에게 복종을 요구할 권한이 있는 것이니라."

"그럼 해를 지게 해달라는 저의 청은요?" 한번 품은 질문은 절대로 잊어버리지 않는 어린 왕자가 일깨웠다.

"네가 해넘이를 볼 수 있게 해 주겠노라. 짐이 청하겠노라. 하지만 내 통치 방식에 따라 조건이 갖추어지길 기다리겠노라."

"언제 그렇게 되나요?" 어린 왕자가 물었다.

"에헴, 에헴!" 왕은 먼저 큼지막한 달력을 보고 나선 대답했다. "에헴! 에헴! 오늘 저녁, 그러니까... 어디 보자... 오늘 저녁 일곱 시 사십 분쯤이니라! 짐의 명령이 얼마나 잘 이행되는지 너는 보게 될 것이다."

어린 왕자는 하품을 했다. 해넘이를 못 보게 되어 섭섭했다. 그러자 벌써 조금 심심해졌다.

"이제 저는 여기서 할 일이 없군요." 왕자는 말

했다. "저는 그만 가보겠습니다!"

"가지 말거라." 신하가 하나 생겨 몹시 자랑스러웠던 왕이 대답했다. "떠나지 말라. 너를 대신으로 삼겠노라!"

"무슨 대신이요?"

"에... 사법대신이니라!"

"하지만 재판할 사람이 아무도 없는데요!"

"그야 모를 노릇이지." 왕이 말했다. "짐은 아직 짐의 왕국을 순시해 보지도 않았느니라. 짐은 아주 연로한데, 사륜마차를 둘 자리도 없고, 걸어 다니면 피곤해지느니라."

"아! 하지만 제가 벌써 다 보았어요." 허리를 굽혀 별의 저쪽을 다시 한 번 바라보며 어린 왕자가 말했다. "저쪽에는 아무도 없던데..."

"그렇다면 너 자신을 심판하도록 하라." 왕이 대답했다. "그게 가장 어려운 일이니라. 다른 사람을 심판하는 것보다 자기 자신을 심판하는 게 훨씬 더 어려운 법이다. 네가 너 자신을 훌륭하게 심판할 수 있다면, 그건 네가 참으로 지혜로운 사람인 까닭이니라."

"저는요," 어린 왕자가 말했다. "전 어디서든 저

자신을 심판할 수 있어요. 여기서 살 필요 없겠어요."

"에헴! 에헴!" 왕이 말했다. "내 별 어디에 늙은 쥐가 한 마리 있는 걸 안다. 밤이면 소리가 들리느니라. 그 늙은 쥐를 심판하거라. 이따금 그를 사형에 처하도록 하라. 그러면 놈의 생명이 네 심판에 달려있게 될 것이다. 그러나 매번 그에게 특사를 내려 아끼도록 하라. 한 마리밖에 없으니."

"저는," 어린 왕자가 대답했다. "사형선고를 내리는 건 싫어요. 아무래도 가야겠습니다."

"안 된다." 왕이 말했다.

어린 왕자는 떠날 채비를 끝마쳤으나 늙은 군주를 마음 아프게 하고 싶진 않았다.

"폐하의 명령이 제때 지켜지기 바라신다면, 저에게 이치에 맞는 명령을 내려 주시면 됩니다. 이를테면, 저더러 일 분 안에 떠나라고 명하시는 겁니다. 조건이 딱 알맞아 보이는데..."

왕이 아무 대답도 하지 않아, 어린 왕자는 처음에는 머뭇거리다가 이윽고 한숨을 한번 내쉬고는 길을 떠났다.

"내 너를 짐의 대사로 명하노라!" 왕이 다급하게

외쳤다.

그는 아주 근엄한 표정을 짓고 있었다.

'어른들은 진짜 이상해.'

어린 왕자는 속으로 말하며 여행을 계속했다.

11. 허영쟁이의 별

두 번째 별엔 허영쟁이가 살고 있었다.

"아! 아! 숭배자가 찾아왔구나!" 어린 왕자를 보자마자 허영쟁이가 멀리서부터 외쳤다.

우쭐대기 좋아하는 사람들에게 다른 사람이란 모두 자신의 숭배자인 법이다.

"안녕하세요." 어린 왕자가 말했다. "묘하게 생긴 모자를 쓰고 계시네요."

"답례하기 위해서지." 허영쟁이가 대답했다. "사람들이 내게 환호할 때 답례하기 위해서야. 아쉽게도 이곳을 지나가는 사람이 도무지 없구나."

"아, 그래요?" 말뜻을 알아듣지 못한 어린 왕자가 말했다.

"두 손뼉을 마주 쳐 봐라." 허영쟁이가 권했다.

어린 왕자는 손뼉을 쳤다. 허영쟁이가 제 모자를 들어 올리며 점잖게 답례했다.

'왕을 방문했을 때보다 재미있는걸.' 어린 왕자는 속으로 생각했다. 그래서 그는 다시 손뼉을 쳤다. 허영쟁이가 다시 모자를 들어 올리며 답례했다.

이러기를 오 분쯤 하고 나니 어린 왕자는 그 단조로운 장난에 싫증이 났다.

"그런데요, 모자를 내려뜨리게 하려면 어떻게 해야 하죠?" 그가 물었다.

그러나 허영쟁이는 그의 말을 듣지 못했다. 허영쟁이는 칭찬밖에 듣지 못한다.

"너 정말 나를 많이 숭배하니?" 그가 어린 왕자에게 물었다.

"숭배한다는 게 뭔데요?"

"숭배한다는 건 내가 이 별에서 가장 잘생기고 옷을 제일 잘 입고 제일 부자이고 가장 똑똑한 사람이라고 인정해 주는 거지."

"하지만 이 별엔 아저씨 혼자잖아요!"

"나를 기쁘게 해 줘. 그냥 그렇게 나를 숭배해다오!"

"아저씨를 숭배해요." 어깨를 살짝 으쓱하며 어린 왕자가 말했다. "그런데 그게 아저씨한테 무슨 소용이죠?"

그리고 어린 왕자는 그 별을 떠났다.

'어른들은 정말이지 너무 이상해.'

어린 왕자는 중얼거리며 여행을 계속했다.

12. 술꾼이 사는 별

그 다음 별에는 술꾼이 살고 있었다. 이 방문은 매우 짧았지만 어린 왕자를 깊은 우울에 빠뜨렸다.
"거기서 뭐하세요?"
빈 병 한 무더기와 술이 가득한 병 한 무더기를 앞에 놓고 말없이 앉아 있는 술꾼을 보며 어린 왕자가 말했다.

"술 마신다." 침울한 낯빛으로 술꾼이 대답했다.

"술은 왜 드시는 거죠?" 어린 왕자가 물었다.

"잊어버리려고." 술꾼이 대답했다.

"뭘 잊으시려고요?" 이미 그가 측은해진 어린 왕자가 물었다.

"창피함을 잊어버리려고." 술꾼은 고개를 숙이며 속내를 털어놓았다.

"뭐가 창피하신데요?" 그를 돕고 싶어진 어린 왕자가 물었다.

"술을 마신다는 게 창피해!"

이렇게 말하더니 술꾼은 입을 꾹 다물어버렸다.

어린 왕자는 혼란스러워져서는 길을 떠났다.

"어른들은 확실히 너무 너무 이상해."

어린 왕자는 여행을 계속 하면서 그렇게 중얼거렸다.

13. 사업가의 별

　네 번째 별은 사업가의 것이었다. 이 사람은 뭐가 그리 바쁜지 어린 왕자가 도착했을 때 고개조차 들지 않았다.

"안녕하세요." 어린 왕자가 말했다. "담뱃불이 꺼졌네요."

"셋에다 둘을 더하면 다섯, 다섯에 일곱이면 열둘, 열둘에 셋을 더하면 열다섯. 안녕. 열다섯에 일곱이면 스물 둘, 스물둘에 여섯이면 스물여덟. 담뱃불을 다시 붙일 시간이 없어. 스물여섯에 다섯이면 서른하나. 어휴! 그러니까 오억 일백육십이만 이천칠백삼십일이군."

"뭐가 오억이에요?"

"엥? 너 아직도 거기 있니? 오억 일백만... 더 이상 모르겠... 할일이 너무 많아! 나는 중요한 일을 하는 사람이야. 난, 나는 하찮은 일이나 하며 놀지 않는다고! 둘에 다섯이면 일곱..."

"무엇이 오억 일백만이란 거죠?" 한번 던진 질문은 포기한 적이 없는 어린 왕자가 다시 물었다.

사업가가 고개를 들었다.

"내가 이 별에서 오십사 년째 사는데, 딱 세 번 방해를 받았어. 첫 번째는 이십이 년 전인데, 어디인지 모를 곳에서 날아와 떨어진 웬 풍뎅이 때문이었어. 그놈이 요란한 소리를 내서 계산을 네 군데나 틀리고 말았지. 두 번째는, 십일 년 전으로,

신경통 때문이었어. 내가 운동부족이거든. 산보할 시간이 없어. 나는, 난 중요하거든. 세 번째는... 바로 지금이야! 아까 내가 그러니까 오억 일백 만..."

"뭐가 오억 일백만이라는 거예요?"

사업가는 조용히 일하기 글렀음을 깨달았다.

"가끔 하늘에 보이는 수많은 작은 것들 말이다."

"파리?"

"천만에, 반짝거리는 작은 것들."

"꿀벌?"

"천만에. 게으름뱅이들을 공상에 잠기게 하는 금 빛의 작은 것들. 하지만 난, 난 말이지 중요한 사람이거든! 공상에 잠길 시간이 없어."

"아하! 별 말이군요?"

"바로 그거야. 별."

"오억 개의 별들로 뭘 하시는데요?"

"오억 일백육십이만 이천칠백사십일 개야. 나는, 난 중요한 일을 하고 있어. 나는 정확하지."

"그 별들로 무얼 하시는데요?"

"뭘 하느냐고?"

"네."

"아무것도. 그냥 소유하는 거야."

"별들을 소유한다고요?"

"그렇지."

"하지만 내가 전에 본 어떤 임금님은..."

"왕은 소유하지 않아. 그들은 '다스릴' 뿐이지. 그건 아주 다른 거야."

"그럼 별들을 소유하는 일이 아저씨에게 무슨 소용이에요?"

"부자가 되는 데 소용이 있지."

"부자가 되면 무엇에 소용이 되는데요?"

"누군가 다른 별을 발견하면, 그걸 사는 데 소용되지."

'이 사람도 그 술꾼하고 비슷하네.' 어린 왕자는 생각했다.

그래도 그는 질문을 계속했다.

"어떻게 해야 별들을 소유할 수 있어요?"

"별들이 누구 거지?" 투덜거리며 실업가가 되물었다.

"모르겠어요. 어느 누구의 것도 아닐 테죠."

"그러니까 내 것이지. 내가 제일 먼저 그 생각을 했으니까."

"그걸로 충분해요?"

"물론. 네가 임자 없는 다이아몬드를 발견하면, 그건 네 거야. 네가 임자 없는 섬을 발견하면, 그건 네 거야. 네가 어떤 좋은 생각을 제일 먼저 해냈다면, 넌 특허를 받아야 해. 그럼 그게 너의 것이 되지. 그래서 나, 내가 별들을 소유하는 거야. 나보다 먼저 별을 소유할 생각을 한 사람은 아무도 없었거든."

"그렇군요." 어린 왕자가 말했다. "그렇다면 아저씨는 별들로 뭘 해요?"

"관리하지. 세고 또 세어 본단다." 사업가가 말했다. "힘든 일이야. 하지만 나는 신중한 사람이거든!"

어린 왕자는 여전히 흡족하지 않았다.

"저는 말이죠. 머플러를 소유하고 있을 때는 그걸 목에 두르고 다닐 수 있어요. 또 꽃을 소유하고 있을 때는 그 꽃을 꺾어서 갖고 다닐 수 있고요. 하지만 아저씨는 별들을 딸 수는 없어요!"

"없지. 하지만 그걸 은행에 맡길 수 있잖아."

"그게 무슨 말이죠?"

"조그만 종이에다 내 별들의 숫자를 적어. 그러고 나선 서랍에 넣어놓고 잠근다는 말이야."

"그게 다예요?"

"그걸로 충분해."

'재미있군.' 어린 왕자는 생각했다. '아주 시적이야. 하지만 그다지 중요한 일은 아니야.'

어린 왕자는 중요한 일에 대해 어른들과 생각이 아주 달랐다.

"저는요." 그가 다시 말했다. "저한텐 꽃이 한 송이 있는데 날마다 물을 줘요. 화산도 셋 있는데, 매주 청소를 해 주죠. 불 꺼진 화산도 청소해 주죠. 언제 어떻게 될지 알 수 없는 노릇이니까. 내 화산들에게나 내 꽃에게는 내가 자기들을 소유했다는 사실이 유익해요. 하지만 아저씨는 별들에게 유익할 게 없는 걸..."

사업가는 입을 열었지만 할 말을 찾지는 못했다. 그래서 어린 왕자는 그곳을 떠나버렸다.

"어른들은 정말이지 다들 너무 이상해."

여행을 이어 가는 동안 어린 왕자는 혼자 중얼거리곤 했다.

14. 점등인의 별

　다섯 번째 별은 아주 야릇했다. 모든 별 가운데 가장 작았다. 가로등 하나와 등불 켜는 사람이 있을 자리밖에 없었다. 하늘 한 구석, 집도 없고 사람도 살지 않는 별에서 가로등과 등 켜는 사람이 무슨 소용이 있는지 어린 왕자는 도무지 이해할 수 없었다. 하지만 그는 이렇게 생각했다.

　'이 사람은 어리석은 사람인지도 몰라. 그래도 왕이나 허영쟁이, 사업가, 술꾼보다는 덜 어리석은 사람이야. 적어도 그가 하는 일에는 의미가 있어. 가로등을 켤 때, 별 하나 또는 꽃 한 송이를 더 태어나게 하는 거나 마찬가지니까. 가로등을 끌 때는 그 꽃이나 그 별을 잠자리로 보내 주는 거고. 아주 재미난 직업이야. 재미나니까 사실은 유익한 거고.'

　별에 다가가자 그는 가로등 켜는 사람에게 공손히 인사했다.

　"안녕하세요. 왜 방금 가로등을 끄셨어요?"

　"명령이야." 가로등 켜는 사람이 대답했다. "안녕."

"명령이 뭐예요?"

"내가 가로등을 끄는 거지. 잘 자라."

그리고는 그는 다시 불을 켰다.

"그럼 왜 방금 가로등을 다시 켰어요?"

"명령이야." 가로등 켜는 사람이 대답했다.

"무슨 말인지 모르겠어요." 어린 왕자가 말했다.

"이해하고 자시고 할 거 없어." 가로등 켜는 사람이 말했다. "명령은 명령이거든. 안녕."

그리고는 가로등을 껐다.

이어서 그가 붉은 체크무늬 손수건으로 이마의 땀을 닦았다.

"내 일은 정말 고되단다. 예전에는 그래도 합리적인 편이었지. 아침에 불을 끄고 저녁이면 다시 켰어. 낮에 쉴 시간이 있었고 밤에는 잘 시간이 있었고..."

"그럼, 그 후 명령이 바뀌었어요?"

"명령은 바뀌지 않았는데," 가로등 켜는 사람이 말했다. "바로 그 점이 문제야! 별은 해가 갈수록 점점 빨리 돌고 있는데, 명령이 바뀌지 않았어!"

"그래서요?" 어린 왕자가 말했다.

"그러니까 지금 이 별은 일분에 한 바퀴씩 돌고

있고, 난 일초도 쉴 여유가 없게 되었어. 일분마다 불을 켰다 껐다 하거든!"

"이상한 걸! 아저씨가 사는 별은 하루가 단 일분 이네!"

"이상할 거 없어." 가로등 켜는 사람이 말했다. "우리가 이야기하는 동안 벌써 한 달이 지나갔단 다."

"한 달?"

"그래. 삼십 분이니까. 삼십일! 안녕."

그리고 그는 다시 가로등을 켰다.

어린 왕자는 그를 쳐다보았다. 명령에 그토록 충실한 이 가로등 켜는 사람이 좋아졌다. 의자를 잡아당겨서 해 지는 풍경을 보곤 하던 지난날이 떠올랐다. 친구를 돕고 싶었다.

"있잖아요... 쉬고 싶을 때 쉴 수 있는 방법을 아는데..."

"나야 늘 쉬고 싶지." 가로등 켜는 사람이 말했다.

누구든 성실하면서도 동시에 게으를 수 있는 법이니까.

어린 왕자가 말을 이었다.

"아저씨의 별은 아주 작으니까 세 발짝만 옮겨

놓으면 한 바퀴 돌 수 있잖아요. 햇빛 속에 있으려면 천천히 걸어가기만 하면 되죠. 쉬고 싶을 때면 걷고... 그럼 아저씨가 바라는 만큼 하루해가 머물 거예요."

"그건 나한테 별로 도움이 못 되겠는걸." 가로등 켜는 사람이 말했다. "나는 평생소원이 잠을 자는 거란다."

"유감이네요." 어린 왕자가 말했다.

"유감이구나." 가로등 켜는 사람이 말했다. "안녕!"

그리고 그는 가로등을 껐다.

'저 사람은,' 더 멀리 여행을 계속하면서 어린 왕자는 생각했다. '다른 모든 사람들, 왕이나 허영쟁이나 술꾼, 사업가 같은 사람들에게서 무시당할 테지. 하지만 우스꽝스럽게 보이지 않는 사람은 저 사람뿐이야. 그건, 아마도, 저 사람은 자기 자신이 아닌 다른 것에 전념하기 때문일 거야.'

그는 서운해져서 한숨을 쉬고는 다시 생각했다.

"내가 친구로 삼을 만한 사람은 저 사람뿐이었어. 하지만 그의 별은 정말이지 너무 작아. 둘이...

있을 자리가 없어."

어린 왕자가 차마 고백하지 못한 게 있다. 스물네 시간에 천사백사십 번이나 해가 지는, 이 축복받은 별을 특히나 그리워했다는 것!

내 일은 너무 고되단다.

15. 지리학자의 별

 여섯 번째 별은 열배나 더 넓은 별이었다. 그곳에는 큼지막한 책을 쓰는 노신사가 살고 있었다.
 "오호라! 탐험가로구나!" 어린 왕자를 보자 그가 큰소리로 외쳤다.
어린 왕자는 테이블에 걸터앉아 조금 가쁜 숨을 몰아쉬었다. 그는 이미 꽤 긴 여행을 한 것이다!

"어디서 오는 게냐?" 노신사가 물었다.

"이 두꺼운 책은 뭐죠?" 어린 왕자가 물었다. "여기서 뭘 하세요?"

"난 지리학자란다." 노신사가 말했다.

"지리학자가 뭐예요?"

"바다와 강과 도시와 산, 그리고 사막이 어디에 있는지 아는 사람이지."

"그거 참 재미있네요." 어린 왕자가 말했다. "그야말로 직업다운 직업이군요!"

그렇게 말하고 나서 그는 지리학자의 별을 한눈에 둘러보았다. 그는 이제껏 그처럼 멋진 별은 본 적이 없었다.

"할아버지의 별은 참 아름다워요. 넓은 바다도 있나요?"

"그건 모르겠구나." 지리학자가 대답했다.

"아! (어린 왕자는 실망했다.) 그럼 산은요?"

"모르겠다." 지리학자가 말했다.

"그럼 도시와 강과 사막은요?"

"그것도 모르겠다." 지리학자가 말했다.

"하지만 할아버진 지리학자잖아요!"

"그렇긴 하다만," 지리학자가 말했다. "난 탐험

가가 아니거든. 내겐 탐험가가 절대적으로 부족하단다. 도시와 강과 산, 바다와 대양과 사막을 세러 다니는 건 지리학자가 아니야. 지리학자는 한가롭게 돌아다니기엔 너무나도 중요하거든. 서재를 떠나지 않아. 하지만 서재에서 탐험가들을 만나지. 그들에게 질문을 하고, 그들의 기억을 기록해둬. 그러다 그들 중 하나의 기억이 흥미로워 보이면, 지리학자는 그 탐험가의 성품을 조사하지."

"그건 왜요?"

"탐험가가 거짓말을 하면 지리책에 커다란 이변이 일어날 테니까. 탐험가가 술을 너무 마셔도 마찬가지야."

"어째서요?" 어린 왕자가 말했다.

"술에 잔뜩 취한 사람은 죄다 두 배로 보거든. 그렇게 되면 지리학자가 산이 하나밖에 없는 곳에 두 개 있다고 적어 넣고 말겠지."

"저도 그런 사람을 알아요." 어린 왕자가 말했다. "나쁜 탐험가가 될 만한."

"그럴 수 있지. 그래서 탐험가의 성품이 훌륭하다고 생각되면, 그가 발견한 것을 조사한단다."

"누군가 보러 가나요?"

"아니. 그건 너무 번잡스러워! 하지만 탐험가에게 증거를 제시하라고 요구해. 예컨대 커다란 산을 발견했을 때는 커다란 돌멩이를 가져 오라고 요구하지."

지리학자가 갑자기 흥분했다.

"그런데 너, 네가 멀리서 왔지! 너는 탐험가야! 너의 별을 나한테 좀 설명해보렴!"

그러더니 지리학자는 공책을 펴고 연필을 깎았다. 탐험가의 이야기는 처음에는 연필로 적는다. 잉크로 적으려면, 탐험가가 증거를 가져오기를 기다려야 한다.

"자, 그럼?" 지리학자가 물었다.

"아! 제 별은요. 별로 흥미로울 게 없어요. 아주 작아요. 화산이 셋 있죠. 둘은 활화산이고, 하나는 불이 꺼진 화산이에요. 하지만 어찌 될지 모르죠." 어린 왕자가 말했다.

"어찌 될지 모르지." 지리학자가 말했다.

"꽃도 한 송이 있어요."

"우린 꽃은 기록하지 않아." 지리학자가 말했다.

"어째서! 가장 아름다운데!"

"꽃들은 한철살이*이잖아."

"<한철살이>가 무슨 뜻이에요?"

"지리책은 말이다." 지리학자가 말했다. "모든 책 가운데 가장 귀중한 책이야. 유행에 뒤지는 법이 없지. 산이 위치를 바꾸는 일은 아주 드물거든. 바닷물이 비어 버리는 일도 매우 드물고. 우린 영원한 것들을 기록해."

"하지만 불 꺼진 화산들이 다시 깨어날 수도 있어요." 어린 왕자가 말을 가로 막았다. "<한철살이>가 무슨 뜻이에요?"

"화산이 꺼져 있든 깨어 있든 우리에게는 마찬가지야." 지리학자가 말했다. "우리에게 중요한 건 산이지. 산은 변하지 않아."

"그런데 <한철살이>라는 게 무슨 뜻이죠?" 사는 동안 한번 질문한 건 포기해본 적이 없는 어린 왕자가 거듭 물었다.

"그건 <머지않아 사라져 버릴 거>라는 뜻이야."

"내 꽃이 머지않아 사라져 버린다고요?"

"그렇단다."

---

* 이 부분의 프랑스어 éphémère는 하루살이이다. 프랑스어는 이 말로써 일시적이고 덧없는 생명을 두루 표현할 수 있지만 한국어는 아무래도 곤충을 연상케 하는 면이 강하다. 고심 끝에 한철살이로 번역했다.

'내 꽃이 한철살이라니.' 어린 왕자는 생각했다. '세상에 대항할 무기라곤 가시 네 개밖에 없고! 그런데 나는 그 꽃을 내 별에 혼자 내버려두고 왔어!'

이것이 그가 처음으로 느낀 후회였다. 하지만 그는 다시 용기를 냈다.

"할아버지라면, 제가 어디를 찾아가면 좋을지 말씀해주실래요?" 그가 물었다.

"지구라는 별이지." 지리학자가 대답했다. "거긴 평판이 좋거든..."

그리고 어린 왕자는 길을 떠났다, 제 꽃을 생각하면서.

16. 지구

일곱 번째 별은 그리하여 지구였다.

지구는 그저 그런 별이 아니다! 그곳에는 백십일 명의 왕(물론 흑인 왕을 포함)과 칠천 명의 지리학자와 구십만 명의 사업가, 칠백오십만 명의 술꾼, 삼억 천백만 명의 허영쟁이까지, 그러니까, 약 이십억쯤 되는 어른이 산다.

전기가 발명되기 전에는 여섯 대륙 통틀어 사십육만 이천오백십일 명이나 되는 가로등 켜는 사람의 실제 부대를 두었다고 내가 말을 하면, 여러분은 지구가 얼마나 큰지 짐작이 갈 것이다.

조금 멀리 떨어져서 보면 눈부시게 멋진 광경이 펼쳐졌다. 부대의 움직임은 마치 오페라의 발레에서처럼 질서정연했다. 맨 처음은 뉴질랜드와 오스트레일리아의 가로등 켜는 사람들 차례였다. 그들은 자신들의 등을 켜고 나면 잠을 자러 간다. 이어서 중국과 시베리아의 가로등 켜는 사람들이 춤을 추러 들어온다. 그들 역시 무대 뒤로 살짝 몸을 감춘다. 그럼 러시아와 인도의 가로등 켜는 사람들

차례가 온다. 다음은 아프리카와 유럽의, 그 다음은 남아메리카의, 그 다음은 북아메리카의. 그들은 무대에 입장하는 자기들 순서를 틀리는 법이 없었다. 굉장했다.

　오직, 북극에 하나밖에 없는 가로등 켜는 사람과 남극에 하나밖에 없는 그의 동료만이 한가롭고 태평스러운 생활을 이어나갔다. 그들은 일 년에 두 번 일했다.

17. 뱀

　재치를 부리려다 보면 약간의 거짓말을 하게 되곤 한다. 가로등 켜는 사람들에 대해 내가 한 이야기는 아주 정직한 것은 못 된다. 우리의 별을 잘 알지 못하는 사람들에게 자칫 잘못된 생각을 품게 할 수도 있겠다는 생각이 든다. 사람들은 지구 위에서 아주 작은 자리를 차지할 뿐이다. 지구에 거주하는 사람 이십억이 어떤 모임에서처럼 서로 바짝바짝 붙어 선다면, 길이 이십 마일 너비 이십 마일의 광장에 넉넉히 들어찰 것이다. 태평양의 가장 작은 섬 위에 모든 사람이 차곡차곡 쌓일 수도 있을 테고.

　어른들은 분명 이 말을 믿지 않을 거다. 그들은 자신들이 굉장히 많은 자리를 차지하고 있다고 생각하니까. 그들은 자신들이 바오밥 나무처럼 비중 있다고 생각한다. 그러니 여러분은 그들에게 계산을 해보라고 일러줘야 한다. 그들은 숫자를 좋아하니까. 그래야 좋아할 테니. 하지만 여러분이 그 힘든 일에 시간을 낭비할 필요 없다. 쓸데없는 짓이다. 내 말을 믿어도 좋다.

어린 왕자는 지구에 발을 처음 디뎠을 때 사람이라곤 도통 보이지 않아 깜짝 놀랐다. 잘못해서 다른 별로 찾아온 게 아닌가 하고 그가 겁이 나 있을 때, 달빛 고리가 모래 속에서 움직였다.

"안녕." 혹시나 해서 어린 왕자가 말을 건넸다.

"안녕." 뱀이 말했다.

"내가 도착한 별이 무슨 별이니?" 어린 왕자가 물었다.

"지구야. 아프리카지." 뱀이 대답했다.

"그렇구나! 그런데 지구에는 사람이 아무도 없니?"

"여긴 사막이야. 사막에는 사람이 살지 않지. 지구는 커다랗거든." 뱀이 말했다.

어린 왕자는 돌 위에 앉아 하늘을 향해 눈을 들었다.

"난 말이야." 그가 말했다. "누구든 어느 날이고 제 별을 다시 찾아낼 수 있게 하려고 별들이 저리 환히 빛나는 게 아닐까 생각해. 내 별을 봐. 바로 우리들 위에 있는걸... 하지만 얼마나 멀리 있는데!"

"예쁘다." 뱀이 말했다. "이곳에는 어쩐 일로 왔니?"

"어떤 꽃하고 약간 문제가 있었어." 어린 왕자가 말했다.

"아하!" 뱀이 대답했다.

그리고 그들은 서로 잠자코 있었다.

"사람들은 어디에 있지?" 어린 왕자가 마침내 다시 입을 떼었다. "사막에서는 어쩐지 조금 외로워지네..."

"사람들 사이에서도 외롭기는 마찬가지야." 뱀이 말했다.

어린 왕자는 한참이나 그를 바라보았다.

"넌 이상한 짐승이구나." 마침내 그가 말했다. "손가락처럼 가늘고..."

"하지만 난 왕의 손가락보다도 힘이 세." 뱀이 말했다.

어린 왕자는 미소를 지었다.

"넌 그다지 힘이 셀 것 같지 않은걸... 발도 없고... 여행을 할 수도 없겠어..."

"난 어떤 배보다도 너를 더 멀리 데려다줄 수 있어." 뱀이 말했다.

그는 어린 왕자의 발목에 마치 금팔찌인 양 제 몸을 휘감았다.

"누구든지 내가 건드리기만 하면, 나는 그 사람을 그가 태어난 땅으로 돌려보내 주지." 그가 다시 말했다. "하지만 너는 순진하고 또 다른 별에서 왔으니까..."

어린 왕자는 아무런 대꾸도 하지 않았다.

"안됐구나. 그렇게 연약한 몸으로 이 화강암의

지구에 왔으니. 니가 너의 별을 몹시 그리워하는 날에는 내가 도울 수 있을 거야. 내가..."

"응! 아주 잘 알았어." 어린 왕자가 말했다. "그런데 넌 어째서 늘 그렇게 수수께끼 같은 말만 하니?"

"난 모든 걸 해결할 수 있거든." 뱀이 말했다.

그리고 그들은 아무 말도 하지 않았다.

18. 꽃 한 송이

어린 왕자는 사막을 횡단하며 꽃 한 송이밖에 만나지 못했다. 꽃잎이 석 장인 꽃, 아무것도 아닌 꽃 한 송이...

"안녕." 어린 왕자가 말했다.

"안녕." 꽃이 말했다.

"사람들은 어디에 있니?" 어린 왕자가 공손하게 물었다.

꽃은 어느 날엔가 사막을 지나가고 있는 장사꾼 무리를 본 적이 있었다.

"사람들? 예닐곱 명 있는 것 같아. 몇 해 전에 그들을 본 적이 있어. 하지만 어디 있는지는 몰라. 바람이 그들을 어디론가 데리고 갔어. 그들은 뿌리가 없어서 무척 애를 먹고 있어."

"잘 있어." 어린 왕자가 말했다.

"잘 가." 꽃이 말했다.

19. 메아리

어린 왕자는 높은 산꼭대기로 올라갔다. 그가 이제껏 아는 산이라곤 제 무릎에 닿는 화산 세 개가 고작이었다. 불 꺼진 화산은 걸상으로 이용하곤 했다. '이 정도로 높은 산이라면' 그는 생각했다. '이별 전체와 사람들 전부를 한눈에 볼 수 있을 거야.' 하지만 그는 뾰족뾰족한 바위산봉우리밖에 보지 못했다.

"안녕." 혹시나 해서 그가 말했다.

"안녕... 안녕... 안녕..." 메아리가 대답했다.

"당신은 누구지요?" 어린 왕자가 말했다.

"당신은 누구지.. 당신은 누구지... 당신은 누구지..." 메아리가 대답했다.

"내 친구가 되어줘요. 나는 외로워요." 그가 말했다.

"나는 외로워... 나는 외로워... 나는 외로워..." 메아리가 답했다.

'이상야릇한 별이구나!' 그는 생각했다. '온통 메마르고 죄다 뾰족뾰족하고 소금투성이야. 게다가 사람들은 상상력이라곤 없어. 말을 건네면 되풀이나 하고. 내 별에는 꽃이 한 송이 있지. 그 꽃은 늘 내게 먼저 말을 건넸는데...'

20. 정원의 장미꽃들

　하지만 어린 왕자는 오랫동안 모래와 바위와 눈을 가로질러 나아간 끝에 마침내 길을 하나 발견했다. 길이란 사람들이 있는 곳으로 모두 이어지기 마련이다.

　"안녕." 그가 말했다.

　장미꽃들이 피어 있는 정원이었다.

　"안녕." 장미꽃들이 말했다.

　어린 왕자는 그들을 바라보았다. 모두 그의 꽃과 쏙 빼닮은 것들이었다.

"너희들은 누구니?" 소스라치게 놀란 어린 왕자가 물었다.

"우리는 장미야." 장미꽃들이 말했다.

"아!" 어린 왕자가 말했다.

이윽고 어린 왕자는 몹시 불행해지고 말았다. 그의 꽃은 자기와 같은 종류는 이 우주에서 하나뿐이라고 그에게 말하곤 했다. 그런데 이곳만 해도 똑같은 꽃이 오천 송이는 되었다. 달랑 정원 하나인데!

'엄청 상심하겠구나.' 어린 왕자는 생각했다. '내 꽃이 이걸 본다면... 기침을 지독하게 해대면서 조롱거리가 되지 않으려고 죽은 척하겠지. 그럼 난 돌봐주는 척을 해야 할 테고. 내가 그렇게 하지 않으면, 꽃은 어쩌면 나까지 수치스럽게 하려고 진짜로 죽어버릴지도 몰라...'

계속해서 그는 또 생각했다.

'내가 이 세상에 오직 하나뿐인 꽃을 가진 부자인 줄 알았는데, 난 그저 평범한 꽃이 한 송이 있을 뿐이었어. 거기에다 내 무릎까지 오는 화산 세 개, 그중 하나는 영영 불이 꺼져버렸을지도 모르는데, 그런 것들로 내가 아주 대단한 왕자가 될 수는

없지...'
　그는 풀숲에 엎드려 울고 말았다.

그는 풀숲에 엎드려 울고 말았다.

21. 여우

바로 그때 여우가 나타났다.
"안녕." 여우가 말했다.
"안녕하세요." 어린 왕자가 공손히 대답하고 몸을 돌렸지만 아무것도 보이지 않았다.
"여기야." 목소리가 말했다. "사과나무 아래."
"넌 누구니?" 어린 왕자가 말했다. "참 예쁘게 생겼네."

"난 여우라고 해." 여우가 말했다.

"이리 와서 나랑 놀자. 나 너무 슬퍼." 어린 왕자가 제안했다.

"난 너하고 못 놀아. 난 길들여지지 않았잖아." 여우가 말했다.

"아, 미안." 어린 왕자가 말했다.

하지만 잠시 생각하고 나선 그가 다시 말했다.

"<길들이다>가 무슨 뜻이지?"

"넌 이곳 아이가 아니구나." 여우가 말했다. "무얼 찾고 있니?"

"사람들을 찾고 있어." 어린 왕자가 말했다. "<길들이다>가 무슨 뜻이야?"

"사람들은" 여우가 말했다. "소총을 가지고 있고 사냥을 해. 참 곤란한 일이야! 그들은 닭을 기르기도 해. 그게 그네의 유일한 흥밋거리야. 혹시 닭을 찾고 있니?"

"아니," 어린 왕자가 말했다. "난 친구를 찾고 있어. <길들이다>가 무슨 뜻이지?"

"너무 자주 잊고 지내는 건데," 여우가 말했다. "<인연을 맺는다>는 뜻이야."

"인연을 맺는다고?"

"그렇지." 여우가 말했다. "너는 아직 나에게 수많은 아이들과 다를 바 없는 한 아이일 뿐이야. 그래서 난 네가 필요치 않아. 너도 역시 내가 필요하지 않지. 나 또한 너에게 다른 수많은 여우와 마찬가지인 여우에 지나지 않아. 하지만, 네가 나를 길들이면, 우린 서로가 서로를 필요로 하게 돼. 네가 나한테는 세상에 오직 하나뿐이게 되는 거야. 나는 너한테 세상에서 하나뿐이게 되고..."

"이해할 것 같아." 어린 왕자가 말했다. "꽃이 한 송이 있었어... 그 꽃이 나를 길들였던 것 같아..."

"그럴지도 모르지." 여우가 말했다. "지구에는 별별 것이 다 있으니까."

"오! 지구에서가 아니야." 어린 왕자가 말했다.

여우는 몹시 궁금한 기색이었다.

"그럼 다른 별에서?"

"으응."

"그 별에 사냥꾼이 있니?"

"아니."

"오호, 그거 참 흥미로운 걸! 그럼 닭은?"

"없어."

"완전한 건 없다니까." 여우가 한숨을 내쉬었다.

하지만 여우는 다시 자기가 하던 생각으로 돌아왔다.

"내 생활은 단조로워. 나는 닭을 쫓아다니고 사람들은 나를 쫓아다녀. 닭들은 모두 서로 비슷하고 사람들도 모두 비슷해. 그래서 좀 따분해. 하지만 네가 나를 길들이면, 내 생활은 햇살이 비친 듯해질 거야. 어떤 발자국 소리와도 다를 발자국 소리를 알게 될 테지. 다른 발자국 소리들은 나를 땅 밑으로 기어들게 해. 너의 발자국 소리는 마치 음악처럼 나를 굴 밖으로 불러낼 거고! 그리고 저길 봐! 저기 밀밭 보이지? 난 빵은 먹지 않아. 밀은 나한테 아무 소용없거든. 밀밭을 본데도 나는 아무 생각도 들지 않아. 서글픈 일이지! 그런데 너는 황금빛 머리카락을 지녔어. 그러니 네가 나를 길들이면 정말 근사할 거야! 밀은, 황금빛이니까, 나한테서 너를 생각나게 할 테지. 그럼 나는 밀밭 사이를 지나다니는 바람 소리를 사랑하게 될 테고..."

여우는 말을 멈추고 어린 왕자를 한참동안 쳐다보았다.

"부탁이야... 나를 길들여줘!"

"그러고 싶어." 어린 왕자가 대답했다. "하지만 나는 시간이 많지 않아. 친구도 찾아야 하고 알아내야 할 것도 많아."

"누구든 자신이 길들인 것 말고는 알아낼 수 없어." 여우가 말했다. "사람들은 이제 더 이상 어떤 것도 알아낼 시간이 없어. 그들은 이미 다 만들어진 것을 상점에서 사거든. 하지만 친구를 파는 상점은 없으니까, 사람들에겐 이제 더 이상 친구가 없어. 친구를 원한다면 나를 길들여줘!"

네가 오후 4시에 온다면
난 3시부터 행복해지기 시작할 테지.

"어떻게 하면 되는데?" 어린 왕자가 말했다.

"참을성이 많아야 해." 여우가 대답했다. "우선 나한테서 조금 떨어져, 그렇게, 풀숲에 앉는 거야. 난 너를 곁눈질로 볼 테고, 넌 아무 말도 하지 마. 말은 오해의 근원이거든. 하지만 너는 날마다 조금씩 더 다가와 앉을 수 있어."

다음날 어린 왕자는 그리로 갔다.

"같은 시각에 왔더라면 더 나았을걸." 여우가 말했다. "이를테면, 네가 오후 4시에 온다면 난 3시부터 행복해지기 시작할 테지. 시간이 갈수록 나는 더욱 행복해질 거야. 4시가 되면 난 이미 마음이 들떠서 어쩔 줄 몰라 할 거야. 난 행복의 값어치를 알게 되겠지! 하지만 네가 아무 때나 와버리면 몇 시부터 마음의 준비를 해야 할지 알 수 없잖아. 의식이란 게 필요해."

"의식이 뭔데?" 어린 왕자가 말했다.

"그것도 너무 잘 잊혀져." 여우가 말했다. "어느 하루를 다른 나날과, 어떤 시간을 다른 시간들과 달라지게 하는 거야. 예를 들면, 내가 아는 사냥꾼들에게도 의식이 있어. 그들은 목요일이면 마을 처녀들과 춤을 춰. 그래서 목요일은 아주 신나는 날이지! 난 포도밭까지 산책을 나가. 만약 사냥꾼들이 아무 때나 춤을 추면, 하루하루 모두 그날이 그날일 테고 나는 쉬는 날이 없어져."

그리하여 어린 왕자는 여우를 길들였다. 그러다 헤어질 시간이 다가왔을 때, 여우가 말했다.

"아아! 나 울 것 같아."

"네 잘못이야." 어린 왕자가 말했다. "나는 너를 조금도 마음 아프게 하고 싶지 않았어. 하지만 네가 길들여 달라고 해서..."

"그렇긴 해." 여우가 말했다.

"그런데도 울려고 하네!" 어린 왕자가 말했다.

"그러게." 여우가 말했다.

"그럼 너는 얻은 게 하나도 없잖아!"

"얻은 거 있어." 여우가 말했다. "밀밭 색깔 덕분에."

그러고는 덧붙여 말했다.

"가서 장미꽃들을 다시 봐. 네 꽃은 세상에 단 하나밖에 없다는 걸 알게 될 테니까. 나한테 작별 인사를 하러 돌아와. 그럼 내가 너한테 비밀 한 가지를 선사할게."

어린 왕자는 장미꽃들을 보러 갔다.

그가 말했다.

"너희는 내 장미와 전혀 닮지 않았어. 너희는 아직 아무것도 아니야. 아무도 너희를 길들이지 않았고, 너희 역시 아무도 길들이지 않았어. 너희는 예전의 내 여우와 같아. 수많은 다른 여우들과 마찬가지인 여우일 뿐이었지. 하지만 내가 친구로 삼았고, 그래서 이제 세상에 하나밖에 없어."

그러자 장미꽃들은 어쩔 줄 몰라 했다.

그가 다시 말했다.

"너희는 아름답긴 하지만 텅 비어있어. 누구도 너희한테는 목숨을 걸지 않아. 물론, 그냥 지나치는 사람은 내 꽃이 너네랑 똑같다고 믿겠지. 하지만 그 꽃 한 송이가 내게는 너희들 전부보다 중요해. 내가 물을 준 꽃이니까. 내가 덮개를 씌워준 꽃이니까. 내가 바람막이로 보호해준 꽃이니까. 내가 벌레(나비 되라고 두세 마리 남겨둔 것 말고)를 잡아준 꽃이니까. 불평하거나 자랑을 늘어놓는 것을, 때때로 입을 다물어버리는 것마저 내가 귀 기울여 들어준 꽃이니까. 바로 나의 꽃이니까."

그리고 그는 여우에게로 돌아갔다.

"잘 있어." 그가 말했다.

"잘 가." 여우가 말했다. "내 비밀은 이래. 아주 단순해. 마음으로 보아야만 잘 보인다. 정말 중요한 건 눈으로 볼 수 없다."

"정말 중요한 건 눈으로 볼 수 없다." 잘 기억해 두려고 어린 왕자가 되뇌었다.

"너의 장미가 그토록 소중해진 건 네가 네 장미를 위해 소비한 시간 때문이야."

"내 장미를 위해 소비한 시간..." 잘 기억해두려고 어린 왕자가 되뇌었다.

여우가 말했다.

"사람들은 이 진실을 잊고 말았어. 하지만 넌 잊으면 안 돼. 너는 니가 길들인 것에 언제까지나 책임이 있는 거야. 너는 너의 장미에게 책임이 있어..."

"나는 내 장미에게 책임이 있다."

어린 왕자가 되뇌었다, 잘 기억해두기 위하여.

22. 전철수

"안녕하세요." 어린 왕자가 말했다.

"안녕." 전철수*가 말했다.

"여기서 뭐해요?" 어린 왕자가 물었다.

"승객들을 가르고 있단다, 한 묶음에 천 명씩. 그들을 싣고 가는 기차들을 보내는 거야, 어떤 때는 오른쪽으로, 어떤 때는 왼쪽으로." 전철수가 말했다.

불을 환히 밝힌 급행열차 한 대가 천둥처럼 으르렁거리며 선로 조종실을 뒤흔들었다.

"저 사람들은 몹시 바쁘네요. 뭘 찾고들 있는 거죠?" 어린 왕자가 말했다.

"기관사조차도 모르더라고." 전철수가 말했다.

그러자 반대 방향에서 불을 밝힌 두 번째 급행열차가 요란한 소리를 냈다.

"그들이 벌써 돌아와요?" 어린 왕자가 물었다.

"같은 사람들이 아니야." 전철수가 말했다. "교

---

* l'aiguilleur, 열차 선로를 통제하는 사람.

차하는 거란다.”

“있던 곳이 만족스럽지 않았나?”

“사람들은 언제나 자기들이 있는 곳을 마음에 들어 하지 않아.” 전철수가 말했다.

그러자 불을 환하게 켠 세 번째 급행열차가 우레와 같은 소리를 냈다.

“이 사람들은 먼젓번 승객들을 쫓아가는 건가요?” 어린 왕자가 물었다.

“그들은 아무것도 쫓아가지 않아. 저 안에서 잠을 자거나 하품이나 하고 있지. 아이들만이 유리창에 코를 바싹 대고 있어.” 전철수가 말했다.

“아이들만이 자기들이 뭘 찾고 있는지 알아요. 낡은 헝겊인형을 찾느라 시간을 허비하죠. 그러다 인형이 아주 소중한 게 되고, 누군가 그걸 빼앗아 가면 울고...” 어린 왕자가 말했다.

“아이들은 운이 좋구나.” 전철수가 말했다.

23. 약장사

"안녕하세요." 어린 왕자가 말했다.

"안녕." 장사꾼이 말했다.

갈증을 달래주는 최신제품 알약을 파는 장사꾼이었다. 일주일에 한 알씩 먹으면 더 이상 목이 마르지 않게 된다.

"어째서 그런 걸 팔죠?" 어린 왕자가 말했다.

"시간을 엄청 절약하게 하거든. 전문가들이 계산했어. 매주 오십삼 분을 절약하게 돼." 장사꾼이 말했다.

"그 오십삼 분으로 뭘 하는데요?"

"그걸로 하고 싶은 일을..."

'나한테,' 어린 왕자는 생각했다. '맘대로 쓸 수 있는 오십삼 분이 생기면, 아주 천천히 샘물 쪽으로 걸어갈 텐데...'

24. 가장 중요한 것은 눈에 보이지 않아

사막에서 내 비행기가 고장을 일으킨 지 팔 일째 되는 날이었다. 비축해 두었던 물의 마지막 한 방울을 마시며 장사꾼 이야기를 들었다.

"아!"

어린왕자에게 말했다.

"네 추억들은 참 아름답구나. 그런데 난 아직도 비행기를 고치지 못했어. 마실 것도 더는 없고. 나도 샘물이 있는 쪽으로 아주 천천히 걸어갈 수만 있다면 얼마나 행복할까!"

"내 친구 여우는..." 그가 말했다.

"꼬마야, 여우 이야기나 하고 있을 때가 아냐!"

"왜요?"

"목이 말라 죽게 되었으니까..."

그는 내 생각을 이해하지 못했는지 이렇게 대답했다.

"죽어간다 할지라도 친구가 있다는 건 좋은 일이에요. 나는요, 여우를 친구로 삼아서 참 기뻐요."

'위험이 어느 정도인지 짐작도 못하는군.' 나는

속으로 생각했다. '이 아이는 배고픔도 갈증도 겪어본 적이 없어. 햇볕 한줌으로 충분한가.'

하지만 그는 나를 물끄러미 쳐다보더니 내 생각을 안다는 듯 이렇게 대답했다.

"나도 목이 말라... 우물 찾으러 가요."

나는 부질없다는 몸짓을 했다. 광활한 사막 한가운데에서 무턱대고 우물을 찾아 나선다는 건 당치도 않은 짓이다. 그런데도 우리는 걷기 시작했다.

몇 시간이나 말없이 걷고 나니 어둠이 내리고 별들이 불을 밝히기 시작했다. 갈증 때문에 열이 조금 나서인지 별들이 마치 꿈결처럼 시야에 들어왔다. 어린 왕자가 했던 말이 내 기억 속에서 춤을 추었다.

"그러니까, 너도 목이 마르구나?" 내가 물었다.

하지만 그는 내 질문에는 대답하지 않았다. 그저 이렇게만 말했다.

"물은 마음에도 좋을 수 있지..."

나는 그의 대답을 이해하지 못했지만 잠자코 있었다... 그에게 질문해봐야 소용없다는 걸 나는 잘 알고 있었다.

그는 지쳐 있었다. 그가 주저앉았다. 나도 그의

곁에 주저앉았다. 그러자 잠깐 침묵한 뒤에 그가 다시 입을 열었다.

"별들은 아름다워요. 보이지 않는 꽃 한 송이 때문에..."

나는 <그렇고말고>라 대답하고는 달빛 아래 주름진 모래 언덕들을 말없이 바라보았다.

"사막은 아름다워요." 그가 덧붙였다.

사실이었다. 나는 언제나 사막을 사랑했다. 모래 언덕 위에 앉으면 아무것도 보이지 않고 아무 소리도 들리지 않는다. 그리고 침묵 속에서 빛을 발하는 무언가가 있다.

"사막이 아름다운 건," 어린 왕자가 말했다. "거기 어딘가에 우물을 감춰두었기 때문이지..."

사막의 저 신비스러운 반짝임이 무엇인지 갑작스레 깨닫게 되어 나는 놀라고 말았다. 어린 시절, 나는 아주 오래된 집에서 살았다. 전해 오는 이야기로는, 그 집에는 보물이 묻혀 있다고 했다. 물론 아무도 그것을 발견하지 못했다. 어쩌면 찾으려고도 하지 않았을 것이다. 하지만 보물은 그 집 전체에 마법을 걸었다. 우리 집은 제 심장 깊숙한 곳에 비밀을 감춰두었던 거다...

"그래, 집이든 별이든 혹은 사막이든 그들을 아름답게 하는 건 눈에 보이지 않아!"

내가 어린왕자에게 말했다.

"나의 여우와 같은 생각이라니 기뻐요."

그가 말했다.

어린 왕자가 잠이 드는 바람에, 나는 그를 안고 다시 길을 나섰다. 가슴이 벅찼다. 부서지기 쉬운 보물을 안고 가는 느낌이었다. 지구상에 이보다 더 부서지기 쉬운 것은 없다는 느낌마저 들었다. 창백한 이마, 감긴 눈, 바람결에 나부끼는 머리칼을 달빛 아래에서 바라보며 생각했다. '여기 보이는 건 껍데기일 뿐이야. 가장 중요한 건 눈에 보이지 않아...'

반쯤 벌린 그의 입술이 보일 듯 말 듯 미소를 띠고 있었기에 나는 다시금 생각했다.

'잠든 어린 왕자가 나를 이토록 감동시키는 것은 꽃 한 송이를 위한 그의 성실함과 그가 잠들어 있을 때에도 램프의 불꽃처럼 그와 함께 빛나는 장미의 모습 때문이야...'

그러자 나는 그가 더더욱 부서지기 쉬운 존재임을 알아차렸다. 등불은 잘 지켜야 한다. 바람 한줄기에도 꺼져버릴 수 있으니까.

그리고, 그렇게 걷고 또 걷다가, 동틀 무렵에 우물을 발견했다.

25. 우물

"사람들은," 어린 왕자가 말했다. "급행열차에 올라타고서도 정작 자신들이 무얼 찾는지 몰라요. 그래서 초조해 하고 제자리를 맴돌고..."

그러곤 말을 이었다.

"그러지 않아도 되는데..."

우리가 다다른 우물은 사하라의 우물들과는 달랐다. 사하라의 우물은 그저 모래에 파 놓은 구멍 같은 것이다. 이 우물은 마을에나 있을 법한 모양이었다. 그러나 그곳엔 마을이라고는 없었고, 해서 난 내가 꿈을 꾸고 있나 싶었다.

"이상하네." 내가 어린 왕자에게 말했다. "모두 갖추어져 있잖아. 도르래, 물통, 밧줄..."

그가 웃더니 줄을 건드려 도르래를 잡아당겼다.

그러자 도르래는 오랫동안 잠들었다 부는 바람에 낡은 풍차가 삐걱거리듯 삐걱거렸다.

"들어봐요." 어린 왕자가 말했다. "우리가 깨우니까, 우물이 노래를 하네."

그에게 힘든 일을 시키고 싶지 않았다.

그가 웃더니 줄을 건드려 도르래를 잡아당겼다.

"내가 할게. 너한테는 너무 무거워." 그에게 말했다.

두레박을 우물 둘레의 돌까지 천천히 들어 올려 쓰러지지 않도록 그 위에 잘 세워 놓았다. 도르래의 노랫소리가 내 귓속에서 쟁쟁 울렸고, 아직 출렁이는 물속에서 일렁이는 햇살이 보였다.

"이 물을 마시고 싶어. 마시게 해 줘." 어린 왕자가 말했다.

그 말에 나는 그가 찾는 게 무엇인지 깨달았다!

두레박을 들어 그의 입술로 가져갔다. 그는 눈을 감고 물을 마셨다. 축제처럼 즐거웠다. 그 물은 여느 음료수와는 아주 다른 것이었다. 별들 아래서의 행진과 도르래의 노래와 내 두 팔의 노력으로 태어난 것이었다. 그것은 마치 선물처럼 내 마음을 기쁘게 했다. 내가 어린 아이였을 때에는, 크리스마스트리의 불빛과 자정미사의 음악과 감미로운 미소가 내가 받은 성탄 선물을 마냥 빛나게 해주었다.

"아저씨네 별 사람들은 정원 하나에 오천 송이나 되는 장미꽃을 기르면서도... 거기서 자기들이 구하는 것을 찾지 못해." 어린 왕자가 말했다.

"못 찾지." 내가 대답했다.

"하지만 그들이 찾는 것은 장미꽃 한 송이나 물 한 모금에서도 발견될 수 있지."

"맞아." 내가 대답했다.

그러자 어린 왕자가 덧붙였다.

"하지만 눈으로는 못 봐요. 마음으로 찾아야 해요."

나도 물을 마셨다. 숨이 편해졌다. 동틀 무렵의 사막은 꿀 빛깔을 띤다. 나는 그 꿀 빛깔에도 행복했다. 무엇 때문에 괴로워한단 말인가.

"아저씬 약속을 지켜야 해요." 어린 왕자가 내게 살며시 말했다. 그는 다시 내 옆에 앉아 있었다.

"무슨 약속?"

"알잖아요... 우리 양한테 씌워줄 입마개... 난 그 꽃에게 책임이 있어!"

나는 끼적거려두었던 그림들을 주머니에서 꺼냈다. 어린 왕자는 그것들을 보더니 웃으면서 말했다.

"아저씨가 그린 바오밥 나무들은 꼭 배추 같네..."

"허!"

바오밥 나무는 내가 꽤나 자랑스러워했는데!

"여우는... 귀가... 꼭 뿔 같아... 너무 기다랗고!"

그러고는 그가 다시 웃었다.

"애야, 너 불공평해. 난 속이 보이거나 안 보이거나 하는 보아구렁이밖에 그릴 줄 모른다니까."

"아! 괜찮아요." 그가 말했다. "아이들은 알아볼 테니까."

그래서 나는 연필로 입마개를 하나 그렸다. 어린 왕자에게 그것을 건네주는데 가슴이 죄여왔다.

"네 계획이 뭔지 난 모르겠구나."

하지만 그는 내 말에는 대답하지 않고 말했다.

"있잖아요. 지구에 떨어진 지... 내일이 1년째 되는 날이에요."

그리고 잠시 잠잠하더니 다시 말을 이었다.

"바로 이 근처에 떨어졌었어."

그리고는 얼굴을 붉혔다.

그러자 나는 또 다시 왠지 모를 야릇한 슬픔을 느꼈다. 그러면서도 한 가지 의문이 떠올랐다.

"그럼 우연이 아니었구나. 팔일 전에, 내가 널 처음 만난 날 아침에, 사람이 사는 고장에서 수천 마일 떨어진 여기서 너 혼자 그렇게 돌아다니던 거! 니가 떨어졌던 자리로 돌아가던 길이었니?"

어린 왕자는 다시 얼굴을 붉혔다.

그래서 나는 잠시 머뭇거리다 말을 이었다.

"1주년이 되어서구나?"

어린 왕자는 또 얼굴을 붉혔다. 그는 결코 묻는 말에 대답하는 법이 없다. 하지만 얼굴을 붉힌다는 것은 <그렇다>는 뜻이 아닌가?

"아!" 내가 말했다. "나는 무섭다."

그러나 그가 대답했다.

"아저씨는 이제 일을 해야 해. 아저씨 기계한테로 돌아가야 해. 난 여기서 기다릴 테니, 내일 저녁에 돌아와요."

하지만 나는 마음이 놓이지 않았다. 그 여우 생각이 났다. 길들여지면 조금은 울게 될 위험이 생기기 마련이다.

26. 떠남

우물가에는 폐허가 되어버린 해묵은 돌담이 있었다. 다음날 저녁, 할일을 하고 돌아오면서 얼핏 보니 조금 멀리서 어린 왕자가 다리를 늘어뜨린 채 그 위에 걸터앉아 있었다. 그가 뭐라 말하는 소리가 들려왔다.

"그런데 너 생각나지 않니?" 그가 말했다. "여기가 딱 그 자리는 아니야."

그에게 대답하는 또 다른 목소리가 분명 있었다, 그가 다시 이렇게 대꾸했으니까.

"아니! 아니! 날짜는 맞지만 여기가 그 장소는 아니야..."

나는 그대로 담 쪽으로 걸음을 옮겼다. 여전히 보이는 것도 들리는 것도 없었다. 그럼에도 어린 왕자는 다시금 대꾸했다.

"...물론이지. 모래 위 내 발자국이 어디서 시작되는지 봐. 거기서 날 기다리면 돼. 내가 오늘 밤 그리로 갈게."

나는 담에서 20미터쯤 거리에 있었고 여전히 아

무것도 눈에 띄지 않았다.

어린 왕자는 잠시 말이 없다가 다시 말했다.

"좋은 독이 있다고? 틀림없이 날 오래 아프게 하지 않을 자신 있어?"

나는 가슴이 죄여와 우뚝 멈춰 섰다. 여전히 무슨 이야기인지 도무지 알 수 없었다.

"이제 그만 가 봐." 그가 말했다. "난 내려갈 테야!"

그제야 나는 담 밑으로 시선을 내려뜨리고는 그만 기겁해 펄쩍 뛰었다! 그곳엔, 삼십 초 안에 당신 목숨을 끝장낼 만한 노란 뱀들 가운데 하나가 어린 왕자를 정면으로 마주보며 몸을 꼿꼿이 세우고 있었다. 권총을 꺼내려고 호주머니를 뒤지며 달려갔지만, 뱀은 내 발자국 소리에 모래 속으로 스르르 물줄기가 잦아들 듯 미끄러져 들어가더니 가벼운 금속음을 내며 조금도 허둥대지 않고 돌 틈새로 구불구불 교묘히 사라져버렸다.

나는 담 밑에 이르러서야 눈처럼 창백해진 내 작은 왕자를 간신히 품에 받아 안을 수 있었다.

"도대체 무슨 일이지? 이젠 뱀들하고 이야기를 하는구나!"

　나는 그가 한결같이 목에 두르는 금빛 목도리를
풀었다. 그의 관자놀이에 물을 적셔 주고는 물을
마시게 했다. 이제 그에게 뭐라 물어볼 용기가 나
지 않았다. 그는 나를 심각하게 바라보더니 내 목

에 제 두 팔을 감았다. 카빈총에 맞아 죽어가는 새처럼 그의 가슴이 뛰는 게 느껴졌다. 그가 말했다.

"아저씨가 기계 고장을 해결하게 되어서 기뻐요. 아저씬 이제 집으로 돌아가겠네."

"어떻게 알았지!"

우연찮게 기계를 고치는 데 성공했다고, 그렇지 않아도 그에게 알려 주러 왔던 참이었다.

그는 내 의문에 아무런 답도 해주지 않고, 말을 이었다.

"나도 오늘 집으로 돌아가요."

그러고 나선 쓸쓸히,

"훨씬 더 멀고... 훨씬 더 어려워..."

뭔가 심상치 않은 일이 일어나고 있음을 느낄 수 있었다. 나는 그를 아기인 양 품에 꼭 끌어안았다. 그럼에도 내가 붙잡을 수 없는 깊은 구렁 속으로 그가 곧장 녹아들어가는 것만 같았다...

그는 아득한 곳을 바라보듯 매우 심각한 눈빛이었다.

"나에겐 아저씨가 준 양이 있어요. 그리고 양의 상자도 있죠. 입마개도 있고..."

그가 슬픈 미소를 지어보였다.

나는 한참을 기다렸다. 그의 몸이 조금씩 따뜻해졌다.

"애야, 무서웠겠구나..."

그는 두려워하고 있었다, 틀림없이! 하지만 그는 부드럽게 웃었다.

"오늘 저녁이 훨씬 더 무서울 텐데..."

돌이킬 수 없다는 느낌 탓에 나는 다시금 오싹해졌다. 이 웃음소리를 다시는 듣지 못하게 되리라는 생각이 견딜 수 없는 일임을 불현듯 깨달았다. 그 웃음소리는 내게 사막의 샘과도 같은 것이었다.

"애야, 난 너의 웃음소리를 또 듣고 싶단다."

그러나 그는 내게 말했다.

"오늘밤으로 꼭 일 년이에요. 내 별은 내가 작년에 떨어져 내린 곳 바로 그 위에 뜨게 될 거고요."

"애야, 뱀이니 만날 약속이니 별이니 하는 이야기는 그저 몹쓸 꿈 아니겠니."

그러나 그는 내 물음에 대답하지 않았다. 그가 말했다.

"중요한 건 눈에 보이지 않아요."

"그렇고말고..."

"꽃도 마찬가지죠. 어느 별에 사는 꽃 한 송이를

사랑한다면 밤에 하늘을 바라보는 일이 감미로울 거예요. 별들마다 모두 꽃이 필 테니까."

"아무렴..."

"물도 마찬가지야. 아저씨가 내게 마시라고 준 물은 음악 같았어요. 도르래와 밧줄 덕분에... 기억 하죠? 참 좋았어요."

"그랬지..."

"아저씨는 밤이면 별들을 바라보겠지. 내 별이 워낙 작아서 어디 있는지 지금 가르쳐 줄 수가 없네. 차라리 잘됐지 뭐. 내 별이 아저씨한테는 여러 별들 중 하나가 되는 거니까. 그러니까, 모든 별을, 아저씨는 걔네를 바라보는 일이 좋을 테고... 별들 모두 아저씨 친구겠네. 그리고 나 아저씨한테 선물 을 하나 할까 해..."

그가 다시 웃었다.

"아! 애야, 애야, 난 이 웃음소리가 듣기 좋아!"

"바로 그게 내 선물이지... 물도 마찬가지고..."

"어째서 그렇지?"

"사람마다 별이 있지만 다 똑같은 별은 아니에 요. 여행하는 사람에게 별은 길잡이고. 어떤 사람들 에겐 그저 조그만 빛일 뿐이고. 학자들에게는 연구

대상일 테죠. 내가 만난 사업가에겐 별이 황금이었어. 하지만 별들은 모두 말이 없어요. 아저씬 다른 사람은 갖지 못한 별을 갖게 되겠지..."

"어째서 그렇지?"

"아저씨가 밤에 하늘을 바라볼 때, 내가 그들 중 하나에 살고 있을 테니까, 내가 그것들 중 하나에서 웃고 있을 거니까, 그럼 아저씨한테는 모든 별들이 웃는 것처럼 보일 테지. 아저씬 웃을 줄 아는 별들을 갖게 됐네!"

그가 또 웃었다.

"그리고 아저씨의 슬픔이 가셨을 때 (슬픔이야 언제고 가시게 마련이니까) 나를 알았다는 걸 기뻐하게 되겠지. 아저씬 언제까지나 내 친구일 테고. 나랑 같이 웃고 싶어 하겠지. 그래서 이따금 그저 재미삼아 창문을 열게 될 거야... 그럼 아저씨 친구들은 아저씨가 하늘을 바라보며 웃는 모습을 보고 꽤나 놀랄 테지. 그럼 걔네한테 이렇게 말해줘요. '그래, 난 별들을 보면 언제나 웃음이 나와!' 아저씨가 미쳤다고 생각하려나. 내가 아저씨에게 못할 짓을 했네."

그리고는 또 웃었다.

"별들 대신에 웃을 줄 아는 조그만 방울들을 내가 아저씨에게 잔뜩 준 셈이 됐어."

그리고는 또 웃었다. 그러더니 다시 심각한 기색이 되었다.

"오늘밤은 말이지... 오지 마요."

"난 네 곁을 떠나지 않을 거야."

"내가 아픈 것처럼 보일 텐데... 죽어가는 것처럼 보일 수도 있고. 그러기 마련이거든. 보러 오지 마세요. 그럴 필요 없어요..."

"난 네 곁을 떠나지 않을 거야."

그러나 그는 걱정스러운 기색이었다.

"이런 말을 하는 건... 뱀 때문이기도 해요. 녀석이 아저씨를 물면 안 되니까. 뱀은 사나워요. 그냥 장난삼아 물지도 모르고."

"난 네 곁을 떠나지 않아."

그러나 무슨 생각이 들었는지 그가 안심하는 듯했다.

"하긴 두 번째 물 때는 독이 없긴 해."

그날 밤 나는 그가 길을 떠나는 걸 보지 못했다. 그는 소리 없이 사라져 버렸다. 내가 그를 따라잡아 다시 만났을 때, 그는 망설임 없이 잰걸음으로 걸어가고 있었다. 그는 단지 이렇게 말할 뿐이었다.
　"아! 아저씨 왔네..."
　그리고 그가 내 손을 잡았다. 하지만 그는 또 다
시 걱정스러워했다.

"아저씨가 잘못한 거야. 마음이 아플 거야. 나는 죽은 것처럼 보일 테지만, 사실 그게 아닌데..."

나는 아무 말도 하지 않았다.

"아저씨도 알잖아. 거긴 너무 멀어요. 이 몸뚱이를 데리고 갈 수는 없어. 너무 무거워."

나는 아무 말도 하지 않았다.

"하지만 그건 벗어버린 낡은 껍데기 같을 거예요. 낡은 껍데기가 슬플 건 없지."

나는 아무 말도 하지 않았다.

그는 약간 풀이 죽어 있었다. 하지만 그는 애써 다시 기운을 냈다.

"근사하겠다. 나도 별들을 바라볼 테야. 별이란 별은 모두 녹슨 도르래가 있는 우물로 보일 테지. 별들이 모두 나한테 마실 물을 부어줄 거야."

나는 아무 말도 하지 않았다.

"정말 재밌겠다! 아저씬 작은 방울들 오억 개를 갖게 되고, 난 샘물을 오억 개 갖게 되는 거네..."

그리고 그도 입을 꾹 다물었다. 울고 있었던 거다.

"저기야. 나 혼자서 한 발짝만 가게 놔둬요."

그러더니 주저앉았다. 무서웠던 것이다. 그가 다시 말했다.

"있잖아.. 내 꽃.. 나 그 꽃한테 책임이 있어요! 그리고 그 꽃은 몹시 연약하단 말이죠! 너무 순진해. 고작해야 가시 네 개를 갖고서는 세상에 맞서 자기를 지키겠다니..."

나는 더 이상 서 있을 수 없어 주저앉았다. 그가 말했다.

"봐요. 이게 다야."

그는 또 조금 망설이더니 다시 일어섰다. 그가 한 발짝 내디뎠다. 나는 꼼짝도 할 수 없었다.

  그의 발목께 노란 빛 한줄기가 반짝했을 뿐이었다. 그는 한순간 움직이지 않고 서 있었다. 소리 지르지도 않았다. 그는 나무가 쓰러지듯 천천히 쓰러졌다. 모래사막이라 아무 소리도 나지 않았다.

그는 나무가 쓰러지듯 천천히 쓰러졌다.

27. 그가 다녀간 자리

　이제 어느덧 여섯 해가 흘렀다. 여태 이 이야기를 한 번도 하지 않았다. 나를 다시 보게 된 친구들은 내가 살아 돌아온 걸 매우 기뻐했다. 슬펐지만 그들에겐 이렇게만 말했다. "피곤해서 그래…"

　이제 슬픔이 조금 가셨다. 말하자면… 다는 아니다. 하지만 나는 그가 자기 별로 돌아갔다는 사실을 잘 안다. 다음날 해가 떴을 때 그의 몸을 다시 찾아볼 수 없었으니까. 그리 무거운 몸은 아니었지… 하여 나는 별들에게 귀 기울이는 밤을 좋아한다. 별들이 마치 오억 개의 방울 같아서…

　그런데 정말 이상한 일이 벌어지고 있다. 어린 왕자에게 그려준 입마개에, 나는 그만 가죽끈 달아주기를 잊어버리고 만 것이다! 그는 양에게 입마개를 씌우지 못했을 거다. 때문에 나는 스스로에게 묻곤 한다. '그의 별에서 무슨 일이 일어나고 있을까? 혹시라도 양이 꽃을 먹어버렸으면…'

　어떤 때는 이렇게 생각한다.

　'그럴 리 없어! 어린 왕자는 밤마다 자기 꽃을

유리덮개로 잘 덮어 놓을 거고, 양을 아주 잘 돌볼 테니까.'

그럼 나는 행복해지고 뭇별들은 모두 부드럽게 웃는다.

또 어떤 때는 이런 생각이 든다. '한두 번 방심할 수도 있잖아. 그러면 끝장인데! 어느 날 저녁 그가 유리덮개를 잊거나 양이 밤중에 소리 없이 밖으로 나올 수도 있는 노릇이지.' 그러면 방울들은 모두 눈물로 변해 버린다!

정말이지 커다란 수수께끼다. 어린 왕자를 사랑하는 여러분에게는, 나와 마찬가지로, 어디 있는지도 모르는 어떤 곳에선가 양 한 마리가 장미 한 송이를 먹었느냐 먹지 않았느냐에 따라 천지가 온통 달라지고 만다.

하늘을 쳐다보라. 스스로에게 물어보라. "양이 그 꽃을 먹었을까 먹지 않았을까?" 그럼 그에 따라 모든 게 달라짐을 알게 될 테다.

그리고 어른들은 아무도 그게 왜 그토록 중요한지 도무지 이해하지 못할 테지!

이것이 내겐 이 세상에서 가장 아름답고도 가장 슬픈 풍경이다. 앞 장의 것과 똑같은 풍경이지만, 여러분이 잘 알아보도록 다시 한 번 그렸다. 바로 이곳에서 어린 왕자가 지구에 나타났다가 사라졌다.

이 풍경을 찬찬히 잘 봐두시라, 그래야 여러분이 어느 날 아프리카 사막을 여행할 때 또렷이 기억해낼 테니까. 이곳을 지나치게 되거든, 부디 걸음을 서두르지 말고 별 아래에서 잠시만 기다리시라! 혹시나 여러분에게 다가온 한 아이가 있어, 그가 웃고 머리칼은 금빛이고 묻는 말에 대답하지 않는다면, 여러분은 그가 누구인지 잘 알아볼 것이다. 그렇거든 부디 친절을 베푸시라! 내가 이렇게 슬퍼하도록 놓아두지 마시라. 그가 돌아왔노라고 속히 내게 편지하시라.

앙투안 드 생텍쥐페리

•

앙투안 마리 장-밥티스트 로제 드 생텍쥐페리(Antoine Marie Jean-Baptiste Roger de Saint-Exupéry; 1900.6.29.~1944.7.31.). 프랑스의 작가이자 군인이다.

프랑스 리옹에서 출생. 아버지가 성주였던 귀족의 자제로서 성(城)에서 성장했으니 정말로 본인이 '어린 왕자' 시절을 보낸 사람이다. 파리 미술학교에서 청강하여 이때 얻은 그림솜씨는 훗날 어린 왕자를 비롯한 그의 작품들의 표지 그림과 삽화로 발휘되었다.

제2차 세계대전 이전에는 유럽, 아프리카, 남미를 오가는 우편물을 항공 수송하는 회사의 조종사였다. 제2차 세계대전이 발발하자 프랑스 공군에 입대하여 정찰 임무를 수행했다. 1940년에 프랑스 북부가 나치에 점령되자 미국으로 망명. 1944년 7월 31일 지중해 상공 코르시카에서 정찰 임무를 수행하다 실종되었다. 추락사로 추정된다.

저서로 『비행사』(1926), 『남방우편기』(1929), 『야간 비행』(1931), 『인간의 대지』(1939), 『전시조종사』(1942), 『어린 왕자』(1943), 『인질에게 보내는 편지』(1944), 『성채』(1948), 『환상』, 『삶의 감각』(1956) 등을 남겼다.

번외

역자와 함께하는 어린 왕자

번역 후기

레옹 베르트는 누구?

망명지 병상에 내려앉은 어린 왕자

육필 원고와 미발표 드로잉들

어린 왕자의 날개

꽃이 '하루살이'라고?

어린 왕자의 장미

어린 왕자에게

- 열일곱 살의 유용선으로부터

번역 후기

열일곱 살에 어린 왕자에 빠졌다. 빠져도 아주 단단히 빠져버렸다. 그때 다시 만난 어린 왕자에게 시 형식으로 편지를 쓰면서 시에도 빠져들었다. 이 책을 원서로 읽어내고 싶다는 이유만으로 대학교 전공도 프랑스어를 선택했다. 역서가 워낙 많아 번역에 가담할 엄두는 내지 못했다가 2004년 여름부터 직접 번역하기 시작했다.

그러다가 몇 가지 가슴 아픈 사실을 알게 되었다. 출간 당시 작가의 처지와 시대상황 탓에 원서 자체가 불완전했다. 가장 유명하다는 영어 번역본은 중요한 구문을 누락했고 중요한 낱말을 잘못 번역했다. 어린 왕자는 일자리도 구하고 견문도 넓히려고 이웃 별들을 방문하기로 한 것인데, 그 역서는 '견문을 넓히려고'만 번역해 놓았다. 4장에선 친구가 양으로 바뀌어 있었다. 다른 역본들도 확인해 보니, 빠뜨린 문장이 전혀 없는 한국어 번역서는 숫제 없었다.

사실 어린 왕자는 어린이가 아니라 청소년 또는

청년이다. Le prince는 공주의 상대어인 왕자로도 쓰이고 작은 나라를 점유한 작은 임금에게도 쓰이는데, 이 책에서는 후자로 쓰였다. 그는 장미와의 첫사랑에 실패한 뒤 직업을 구하고 정체성을 탐색하고자 세상을 방랑했고 어른이 될 준비를 한다. 어른이 되길 거부한 피터 팬과 달리 어린 왕자는 이상적인 어른의 상을 찾아 헤맨다. 내가 사랑을 알아가고 삶의 진로를 본격적으로 모색하기 시작한 열일곱 살에 비로소 어린 왕자에 빠져든 건 결코 우연이 아니었다.

번역에 착수하자 조급한 심정이 들었다. 내 오랜 친구의 정신연령부터 다시 설정하고 문체도 총체적으로 바꿨다. 그럼에도 번역본 초고는 바오밥 나무 세 그루로 폭발 직전이 되어버린 어떤 이의 별 같았다. 외국어를 모국어로 바꿔나갈 때 두 언어의 충돌로 생겨나는 현상. 수없이 뇌까렸다. "이게 내가 쓴 문장이라고?" 이런 저런 사정에 밀려 짬짬이 원고를 들여다보며 만지작거리는 세월을 보내다 세월을 보내다 2017년 전자책 런칭 기념으로 처음 꺼내놓았다. 이때부터 2023년까지는 원문에 충실한 번역본을 내놓았다.

사실 생텍쥐페리의 『어린 왕자』 원본에는 몇 가지 문제점이 있다. 접속사 et(그리고)와 말줄임표를 너무 많이 사용했고, 글을 쓰다 감정이 격해진 부분에서는 어김없이 단락이 길어졌다. 생텍쥐페리는 동화를 처음 쓰는 거였고 편집자와 본격적인 교정과 교열을 거치기 전에 그만 비행기 추락사고로 죽고 말았다.

그러다 2024년에 들어 이런 생각이 들었다.

'어차피 우리나라에 『어린 왕자』 번역본은 많아. 하지만 생텍쥐페리가 살아 있다면 편집자와 어떤 부분을 논의하고 조정했을지를 고민한 번역본은 없어. 그 작업을 하기에 나보다 적임자가 있을까.'

등장인물들의 말투를 상황과 관계에 맞게 조절했다. 단락의 호흡을 어린이와 청소년이 읽기 편하게 조절했다. 챕터마다 소제목을 달았다. 독백체인 제6장의 문체를 바꿨다. 마지막 장에서 같은 그림을 한 번 더 사용했다. (내용상 두 번 등장해야 하고, 에필로그로 독립시켜도 무방한 부분이다.)

지구에는 아직도 어린 왕자를 사랑하는 이가 아주 많다. 그들과 나는 서로 이름도 얼굴도 모르지만 이 사랑스러운 친구를 사이에 두고 이미 서로가 서

로에게 소중한 친구이다. 따라서 나는 이 책을 어린
이와 청소년뿐 아니라 '마음속 깊이 힘써(!) 어린이
를 간직하고 살아가는 모든 어른'에게 바친다. 한때
어린이였던 어른 가운데에는 아직 어린이를 잃지
않은 어른이 반드시 있기 마련이다.

2024년 7월 17일
유 용 선

레옹 베르트는 누구?

Saint-Exupéry et Léon Werth

　　앙투안 드 생텍쥐페리(1900~1944)와 레옹 베르트(1878~1955)의 생몰연대를 비교하면 알 수 있듯이 두 사람 나이는 무려 22년 차이가 난다.

　　레옹은 1878년 프랑스 보주 지방의 르미르몽의 유대인 서민 가정에서 태어났다. 1896년 파리의 앙리4세 고등학교 시절에 전국 철학 콩쿠르에서 수석을 차지했다고 하니 아주 명민한 사람이다.

1913년에는 소설 『하얀 집』을 발표했고, 기자와 예술 평론가로도 활약했다. 두 사람은 1931년에 처음 알게 되었고, 1935년에 르네 들랑주 소개로 직접 만났다고 한다. 이후 두 사람의 우정은 변함없이 지속됐다.

1939년 제2차 세계대전이 발발하자 레옹은 스위스 국경 부근인 쥐라 지방의 생트 아무르에서 은신하며 지냈다. 휴전 중이던 1940년 가을 생텍쥐페리는 그를 만나러 그곳을 찾아가기도 했다.

"행.방.불.명. 그가 죽었다고 믿는 건 그를 배반하는 거나 다름없다. 그는 단지 부상을 입고 추락했겠지. 그래서 농가 어디에선가 치료받고 있겠지."

생텍쥐페리 실종 소식을 들은 레옹 베르트가 자기 일기장에 남긴 문장이다.

레옹은 훗날 르네 들랑주 저서 『생텍쥐페리의 일생』에 '생텍쥐페리에 대한 추억'이라는 후기를 붙이기도 했고, 전쟁 체험을 담은 『일기』와 회고록인 『내가 만난 생텍쥐페리(Saint-Exupéry, telque je connu)』을 남겼다. 1955년 77세 일기로 사망했다.

망명지 병상에 내려앉은 어린 왕자

생텍쥐페리의 다른 작품들도 읽은 사람이라면, '아니, 이런 문체로 작품을 쓰던 작가가 어떻게 『어린 왕자』를 썼지?' 생각할 수 있다. 그도 그럴 것이 그의 소설들은 하나같이 사실적이고 남성적이다. 생전에 발표한 작품에도 유작으로 발표된 작품에도 『어린 왕자』와 비슷한 작품은 없다. 이 사연을 밝히려면 먼저 미국 망명 이야기부터 해야 한다.

1939년 2월에 발표한 소설 『인간의 대지』가 같은 해 6월 미국에서 『바람과 모래와 별』이라는 제목으로 출간되어 크게 인기를 끈다. 출간 직후 '이달의 책'으로 선정되고 내셔널 북어워드를 수상할 정도로 베스트셀러가 된다. 본국 프랑스에서는 아카데미 프랑세즈 소설 대상을 받는다. 그러나 이 행복은 오래 가지 못한다. 그해 9월 제2차 세계대전이 발발한 것. 출간과 전쟁 발발일 사이 3개월 사이에 미국을 두 번 다녀온다.

7월 5일, 조종사 시절의 동료 기요메가 북대서

양 횡단 기록 갱신에 도전하자 생텍쥐페리는 그 비행기에 옵서버 자격으로 동승하여 미국으로 건너간다. 뉴욕에서 『바람과 모래와 별』의 성공을 자기 눈으로 확인하고, 일주일 뒤에 기요메의 귀국행 비행기에 동승한다. 이 비행기는 남서풍을 이용해 연속비행 28시간 신기록을 세우며 대서양을 횡단해 귀국한다.

7월 29일, 생텍쥐페리는 이번에는 여객선 노르망디 호를 타고 미국으로 건너간다. 작가 사인회, 인터뷰, 강연을 위한 초청 여행이었다. 여객선 위로 친구 기요메의 비행기가 호위비행을 하고 신호를 하고 나서 돌아가는 멋진 장면이 연출되기도 했다. 이것이 기요메와 생텍쥐페리의 생애 마지막 인사가 된다. 8월 20일, 일 드 프랑스 호를 타고 귀국.

1939년 9월 3일, 프랑스는 예비역 공군장교 생텍쥐페리에게 툴루즈 기지로 출두하라는 명령을 송달한다. 공군 대위로 복귀한 그는 연령과 부상 후유증으로 전투기 조종사 불가 판정을 받지만, 공군 지도부에 청을 넣어 그해 12월부터 이듬해 휴전으로 인해 7월 전역할 때까지 정찰 및 촬영

임무를 맡은 조종사로 활약한다.

1940년 11월 5일, 프랑스를 떠나 모로코를 거쳐 16일 리스본에 도착한다. 시간이 그토록 많이 걸린 까닭은 파시스트의 지배를 받던 스페인을 통과할 수 없어 크게 우회했기 때문이다. 도착 후 며칠 안 되어 그는 비통한 소식을 접한다. 기요메의 비행기가 영국 비행기로 오인한 이탈리아 전투기에 추격당해 지중해 상공에서 폭파되고 만 것이다. 생텍쥐페리는 어머니와 아내를 두고 유럽을 떠나 12월 31일 미국 뉴욕에 도착한다.

마음은 불편하기 그지없었지만 몸은 편한 망명생활이었다. 어쨌거나 그는 잘나가는 작가였으니까. 출판사는 그에게 전투 경험담을 소재로 한 책을 쓰라고 종용한다. 잠시 머물다 돌아가려 했던 미국 체류는 28개월이나 지속된다.

1941년 7월, 생텍쥐페리는 영화감독 장 르누와르 초청으로 할리우드에 간다. 두 사람은 미국으로 올 때 같은 배 노르망디 호를 타면서 알게 되었다. 초청 목적은 『인간의 대지』 영화화. 그러나 이곳에서 그는 체온이 41도까지 오르는 열병에 걸려 로스앤젤리스 병원에 입원하게 된다. 생텍쥐페리 연구자들은 이 열병은 1923년 그가 부르제 공항 추락 사고를 당했을 때 입은 두개골 골절상의 후유증이었을 것으로 추정한다. 외로운 망명지 생활 도중에 열병으로 입원이라니.

"병석에 눕는다는 것은 기막힌 행운이다. 나에게 광대함의 감정은 은하수나 하늘이나 대양에서 오는 것이 아니라 내가 앓아누운 어머니 집의 작은 침상에서 왔다. (……) 감기에 걸려 누우면 무한한 대양을 차지하게 된다." 『어린왕자를 찾아서』(김화영 지음)에서

이 시기의 그는 병상에서 오직 안데르센 동화집만 곁에 두고 읽었다고 한다. 프랑스 출신 배우 아나벨라의 증언이다. 비참한 현실에 맞닥뜨릴 때마다 마음의 힘이 되어주던 어린 시절의 추억은 이 타국의 여름에서 겪은 입원 기간에도 어김없이 힘이 되어 주었다. 그는 동화를 쓸 마음도 계획도 없었지만, 그의 마음은 충분한 환경과 채비를 갖추었을 테다. 1941년 11월, 남프랑스 오페드에 머물고 있던 아내 콘수엘로가 미국으로 온다. 이 여인이 바로 『어린 왕자』속 장미의 모델이다.

육필 원고와 미발표 드로잉들

미국 뉴욕시에 Morgan이라는 서점 및 박물관이 있다. 이곳에서 운영하는 홈페이지에 어린 왕자 컬렉션이 있다. 뉴욕시 매디슨애버뉴 36가에 있고 홈페이지 주소는 다음과 같다.

https://www.themorgan.org/collection/little-prince

이곳을 방문하면 생텍쥐페리의 육필 원고와 그가 작품에 넣으려고 그린 드로잉을 만날 수 있다. 몇 개만 감상해 보자.

이 그림은 제7장에서 사용하기 위한 드로잉이
다. 완성된 그림이지만 삽화로 쓰이지는 않았다.
내가 '중요한 일'이라는 제목을 붙인 제7장에는
삽화가 없다.

출연이 불발된 달팽이. 어린 왕자는 달팽이를
만나서 무슨 대화를 나눴을까.

"너는 참 느리구나. 느리지만 꾸준히 앞으로 나아가고 있어. 이 뜨거운 사막에서 어떻게 버틸 수 있지?"

사막이 아닌 다른 곳이려나. 이를테면 우물가.

이 드로잉 속 남자는 곤충학자일까 사냥꾼일까. 그는 왜 나비를 잡으려 하는 걸까. 이 별의 주인 공이 곤충채로 나비를 잡는 까닭이 너무 궁금하다. 이 어른은 또 어떤 '이상한' 이유로 저런 행동을 한 걸까.

생텍쥐페리의 드로잉은 앞서 말한 Morgan 도 서관 겸 박물관 외에 故 김화영 선생의 『어린 왕 자를 찾아서』(문학동네)라는 책에도 많이 담겨 있으니 내가 소개하는 일화로 충분하지 않은 독자 는 꼭 읽어보기 바란다.

어린 왕자의 날개

    김화영 선생의 『어린 왕자를 찾아서』 제3장(23쪽부터 43쪽)에는 어린 왕자의 탄생에 얽힌 이야기가 수록되어 있는데, 특히 내 눈길을 끈 부분.

주인공 캐릭터가 날개를 달고 지구로 날아온다
는 설정 흔적이 드로잉에 남아 있다. 어린 왕자의
패션 하면 떠오르는 머플러는 이 날개 구상이 진
화(?)한 것이다! 천만다행!

『어린 왕자를 찾아서』 32쪽(날개), 33쪽(머플러)

머플러를 두른 어린 왕자는 1943년 레이날 &
히치콕 사에서 나온 『The Little Prince』의 표지
모델이 되었다. 책표지에는 이런 말풍선도 달려
있다.

"이런 별을 골라 오다니 내가 미쳤지! 이 별은 모든 주민이 다 잠든 밤이 되어서야 겨우 호감 가는 인상을 주네....."

생텍쥐페리는 그 책의 헌사를 뉴욕 시절 생텍쥐페리의 친구였던 신문기자 도로시 버클레이에게 바쳤다.

"어린 왕자는 잘못 생각하고 있어요. 지구에는 올곧음과 너그러운 마음씨로 다른 사람들의 인색함과 이기적인 마음씨를 쓰다듬어주는 주민들이 살고 있으니까요.
가령 도로시 버틀레이 같은...
내 가장 정다운 추억과 함께
앙투안 드 생텍쥐페리."

『어린 왕자를 찾아서』(김화영 역)

꽃이 '하루살이'라고?

독자 여러분, 이번 『어린 왕자』 역본에는 '한철
살이'라는 표현이 등장합니다. 원문의 éphémère
는 본래 하루살이입니다. 한국어에서 하루살이는
곤충 이름이고 나머지는 비유적으로 사용하죠. 하
지만 프랑스어는 곤충 하루살이 외에 명이 짧은
식물에게도 이 낱말을 사용합니다. 그래서 저도
2023년 번역본까지는 '덧없는 것', '일시적' 등
을 검토하다가 그냥 하루살이라고 직역했어요.

하지만 덧없다는 표현은 건조하기 그지없는 지
리학자의 입에서 나올 만하지 않고, 일시적은 작
품 전체 분위기와 어울리지 않죠. 그러다가 2024
년 찾아낸 낱말이 한철살이!

이 낱말의 발견은 『어린 왕자』 전북 방언 버전
『에린 왕자』(심재홍 역) 덕분입니다. 한철! 그래,
한철이란 말이 있었지!

"우덜은 꽃 같은 건 적덜 않어." 지리학자가 그려.
"왜요! 젤로 이쁘장한디요!"

"꽃은 한철뿐인게 그런 거여."

"고게 뭔 말씸이여요? 한철이라니?"

『어린 왕자』의 한국 지역어 버전은 2024년 현재 세 가지뿐입니다. 『에린 왕자』(전라북도), 『애린 왕자』(경상도), 『두린 왕자』(제주). 다른 지역 버전도 나왔으면 좋겠습니다.

이번 한철살이 경우처럼 지역어는 어휘 활용의 폭을 넓혀줍니다. 표준어로만 이루어진 문학작품은 너무 건조하고 어휘 측면에도 약점이 많죠.

제 번역본을 바탕으로 『어린 왕자』 지역어 버전이 여럿 등장했으면 좋겠습니다. '한철살이'는 그 모든 책에 들어 있겠지요.

지역어로 번역된 『어린 왕자』 한국어판

어린 왕자의 장미

어린 왕자의 별에 불시착한 장미는 생텍쥐페리의 아내 콘수엘로 순신이다. 보수적인 귀족 가문에서 성장한 앙투안과 엘살바도르 출신 작가 콘수엘로 사이는 여느 부부 못지않은 크고 작은 다툼이 있었다. 첫 등장에서 보여준 장미의 귀여운 허영에는 젊은 콘수엘로의 모습이 보인다.

콘수엘로는 노란 목도리를 선호했고 그녀의 조국에는 화산이 많았으며 지병인 천식 탓에 기침을 자주 했다. 게다가 부유하고 잘생긴 인기 작가 생텍쥐페리 주변에는 장미들이 적지 않게 있었다. 콘수엘로는 훗날 『장미의 기억』이란 저서에서 유명 작가의 아내로서 겪어야 했던 애로사항을 토로하기도 했다.

생텍쥐페리는 프랑스에 아내를 혼자 남겨 놓고 미국에 건너오면서 아내에 대한 자신의 마음을 확실히 알게 된 듯하다. 그 깨달음의 결실은 아름다운 동화의 주요 장면으로 남았다.

어린 왕자에게
– 열일곱 살 때의 유용선으로부터

온갖 빛깔 고운 찬사들이
제 의미를 잃고
소박한 탄성만이 잘 어울리는
그를 만난 그날

모자로밖에 보이지 않던
종이구렁이 속에 코끼리 있음을 본 후로 나는
원숭이를 닮은 사람 사람 속마다
자그만 우주 들어있음을 볼 수 있었다.

기름진 땅 위에 다툼이 일고
황량한 사막이 차라리 평화로울 때
사막을 방문한 어린 왕자
"친구를 찾아요!"

불행하다,
어린이를 잃은 어른들
"양이 장미를 먹어요!"
그가 겁에 질리어 소리칠 때에
웃고들 있지, 대수롭지 않다는 듯
그도 그럴밖에
소, 돼지가 사람을 먹고

눈 먼 발길질에 청춘이 절룩거려도
나 몰라라 하는 이들

왕들은
모태에서 대관식을 한 듯
혼자 잘난 체하고
부자는
하늘의 재물을 따 모은 양
땅에 인색하고
대열을 벗어난 낙오자들은
삶이 나누어준
저마다의 십자가를 지기보다는
술로 환상으로 숨으려 하며
또 어떤 이들은
바보짓을 도리어 자랑하거나
고운 일을 곱다 여길 줄 모르며
헛되이 뜬 구름 시간을 흘린다.

외로운 연인, 나의 아름다운 왕자.
황혼아, 너 다시금
하루 마흔 번 널 찾는 그를 보거들랑
잊지 말고 내게 알리라.
바람아, 너 날다가 혹시
그의 집 앞을 지나게 되거들랑
잊지 말고 내 그리움을 전해라
잠들어 있거든 깨우지는 말고

>
사막에서 속삭이던 그의 작은 음성은
들로 산으로 문명으로 울리어
내 작은 우주에도 - 혼돈상태이었음에도
불구하고 - 다다랐다.
"별들이란
보이지 않는 꽃 때문에 아름다운 거야."
"사막이 아름다운 것은
어디엔가 샘이 숨어있기 때문이죠."

이제 인간의 대지 위에
밤이 깊고
무심히 땅을 내려다보는 별들은
슬기처럼 밝고
꽃인 양 어여쁜데

왕자,
비록 그 사막에 더 이상 너 없어도
언제나 너의 기억은
바랠 수 없는 순수로
너를 아는 모든 이와 함께

내 곁에 있다.
내 안에 있다.

역자 유용선(兪勇善)

1967년 서울 출생.

『어린왕자』를 원어로 읽고 싶다는 이유로 한국외국어대학교 프랑스어과 진학.

대학생 시절 투고가 채택되어 1992년, 1993년 두 권의 시집을 출간하면서 작품 활동 시작. (시를 그만 쓰려고 시집을 상재했으나 삶은 뜻대로 되지 않았다.)

독서교육과 문예창작 교수법의 융합을 연구하며, 그 과정에서 『글쓰기는 스포츠다』, 『낙서부터 퇴고까지』, 『맞춤법이 잘못했네』 등을 출간했다.

시집으로 『다시, 잊는 연습 걷는 연습』(초기), 『개한테 물린 적이 있다』, 『웃으라 하시기에』, 『시를 위한 농담』 등이 있고, 소설집 『미네르바의 숲』과 장르 불명의 『보탬말』이 있다. 그밖에 종교가 인간에게 끼치는 영향에 관심이 많아 '우주신학'이라는 신앙체계를 구축해 동명의 소책자를 비롯한 관련 도서들을 출간하기도 했다.

어린왕자 Le Petit Prince

- 역자와 함께하는 어린 왕자 이야기 포함

발행일   2024년 7월 12일
지은이   앙투안 드 생텍쥐페리
옮긴이   유용선
펴낸이   유용선
펴낸곳   독서학교
등 록   2001년 3월 15일
주 소   서울 마포구 마포대로127(공덕동)
            풍림VIP텔 904호
전 화   02-338-4338
E메일   3384338@naver.com
홈페이지   www.penguide.kr
ⓒ유용선 2024
종이책 ISBN 979-11-91324-24-2 03860
전자책 ISBN 979-11-91324-26-6 05860
※ 책값 14,000원(종이) 7,000원(전자)
※ 본문 내용은 출처를 밝히면 동의 없이 활용할 수 있습니다.